Der Reihenhausgarten

Frank von Berger

Der Reihenhaus-garten

Planung, Anlage und Pflege
Nutzen und genießen

AUGUSTUS

Impressum

Die Deutsche Bibliothek – CIP-Einheitsaufnahme

Ein Titeldatensatz für diese Publikation ist bei der Deutschen Bibliothek erhältlich.

Dieses Buch folgt den Regeln der neuen deutschen Rechtschreibung.

Augustus Verlag, München 2001
© Weltbild Ratgeber Verlage GmbH & Co. KG
Alle Rechte vorbehalten
Umschlaggestaltung: Vera Faßbender, Augustus Verlag
Umschlagfotos: Schwäbisch Hall (vorne), Frank v. Berger (hinten)
Fotos: Wolfgang Redeleit: Seite 6, 8 oben, 9, 13, 14 unten, 18, 19, 25, 26, 31, 34, 46 oben, 49, 54, 59, 60 oben, 61;
Wüstenrot: Seite 2;
alle anderen: Frank von Berger
Illustration: Lena Kristensen, Ingolstadt
Satz und Layout: Gesetzt aus der TheMix Light 10/12 pt von Uhl + Massopust, Aalen
Reproduktion: Uhl + Massopust, Aalen
Druck und Bindung: Appl, Wemding
Gedruckt auf chlorfrei gebleichtem Papier
Printed in Germany

ISBN 3-8043-7194-9

Erläuterungen der Piktogramme

- winterhart
- Winterschutz erforderlich
- immergrün
- sommergrün
- rauchhart
- blattzierend
- fruchtzierend
- Blütezeit
- Bienenweide
- Vasenschmuck
- Standort Halbschatten
- Standort Schatten
- Standort Sonne
- Bodendecker
- Kletterpflanze
- Wuchshöhe
- pflegeintensiv
- pflegeleicht
- viel gießen
- normal gießen
- wenig gießen
- für Anfänger
- für Spezialisten
- regelmäßiger Schnitt erforderlich
- Giftpflanze

Vorwort

Die Idee des Reihenhauses mag manchem als eine moderne Form des Städtebaus erscheinen, die im Zeitalter zunehmenden Wohlstands fast jedem den Erwerb von erschwinglichem Wohneigentum ermöglicht. Tatsächlich ist die Idee, durch normierte Grundrisse und vertikale Bauweise ein Maximum an Wohnfläche auf möglichst geringem Raum zu erstellen und dadurch die Kosten für den Einzelnen im vertretbaren Rahmen zu halten, nicht so neu, wie sie scheinen mag. Schon im 19. Jahrhundert wurden im Zuge der Industrialisierung in England solche Reihenhaussiedlungen erstellt. Kleine Gärten hinter den Häusern ermöglichten den Bewohnern den Anbau einiger Gemüsepflanzen, um den Speisezettel zu bereichern und die Haushaltskasse zu entlasten.

Als Vorläufer der heutzutage so populären Reihenhaussiedlungen am Stadtrand und im Einzugsbereich der Großstädte können die von der Gartenstadtbewegung entworfenen Siedlungen im Einzugsbereich von Hamburg, Dresden, Essen, Mannheim, Karlsruhe oder Leipzig gelten. Die Häuser beruhten zwar bis zu einem gewissen Grad auf einheitlicher Planung, die Gärten jedoch konnten die Bewohner frei gestalten und damit ihrer Individualität Ausdruck verleihen. Heute wie damals geht es bei der privaten Gartengestaltung vor allem darum, den Bedürfnissen der Bewohner gerecht zu werden. Wichtig sind nicht einfach nur Grünflächen, die dem Auge wohl tun. Kinder suchen Spielflächen, wo sie hemmungslos herumtoben dürfen, ältere Leute ein stilles Plätzchen, wo sie ungestört ausspannen können. Der Rosenfreund möchte sich an Aussehen und Duft seiner Lieblingssorten erfreuen und mancher Hobbygärtner hat einfach Spaß daran, allerlei interessante Stauden und Einjährige zu pflanzen und zu hegen. Romantiker lauschen gern dem Plätschern eines Brunnens oder lassen den Blick über die Wasseroberfläche eines kleinen Teiches schweifen und Naturfreunde wünschen sich eine kleine grüne Oase hinter dem Haus, die einheimische Tiere anlockt. All dies sind Gründe, einen Garten anzulegen und aktiv nach den eigenen Vorstellungen zu gestalten. Darüber hinaus wird auch heute noch – oder gerade wieder – im

Reihenhausgarten Gemüse selbst angebaut. Dies geschieht jedoch weniger aus finanziellen Gründen, denn die meisten Saisonfrüchte sind inzwischen konkurrenzlos günstig im Supermarkt nebenan erhältlich. Vielmehr spielt die Qualität eine Rolle. Besonders junge Familien mit Kleinkindern, legen viel Wert auf Gemüse und Obst, das ohne Kunstdünger und Pestizide gezogen wurde und knackfrisch auf den Tisch kommt. Das eigene Gemüsebeet bietet dazu die beste Gelegenheit. Hoch- und Hügelbeete liefern auch auf kleinster Grundfläche noch lohnende Erträge. Für viele, die noch nie einen Garten hatten, ist es eine wunderbare Erfahrung, den Prozessen des Wachsens und Reifens zuzusehen. Kinder können spielerisch das Gärtnern lernen und die Anfänger unter den Hobbygärtnern werden mit der Zeit zu wahren Spezialisten, die sich mit dem Nachbarn über den Gartenzaun hinweg über spezielle Sorten unterhalten und Setzlinge oder Samen austauschen. Nicht immer jedoch weiß man gleich zu Beginn, wie man welche Pläne am besten umsetzen kann. Für manchen frisch gebackenen Reihenhausbesitzer stellt sich die Frage nach der Gartengestaltung zum allerersten Mal. Probleme und Unsicherheiten gibt es da nicht nur bei der geschicktesten Anlage des Grundstückes und der richtigen Pflanzenauswahl. Oft bestehen Auflagen durch die Gemeinde oder den Bauträger, die um das einheitliche Erscheinungsbild der Siedlung besorgt sind. Außerdem sollte man nie vergessen, dass man – mehr oder weniger freiwillig – in einer Art Gemeinschaft lebt: Rücksichtnahme auf die Nachbarn sollte

Linke Seite: Eine bunte Mischung aus Einjährigen, Sommerstauden, Gräsern und klein bleibenden Gehölzen sorgt für ein stimmiges Gartenbild.

Rechts: Werden Sommerblumen nicht einzeln, sondern in Gruppen gepflanzt, steigert das die Wirkung der Farben und Strukturen.

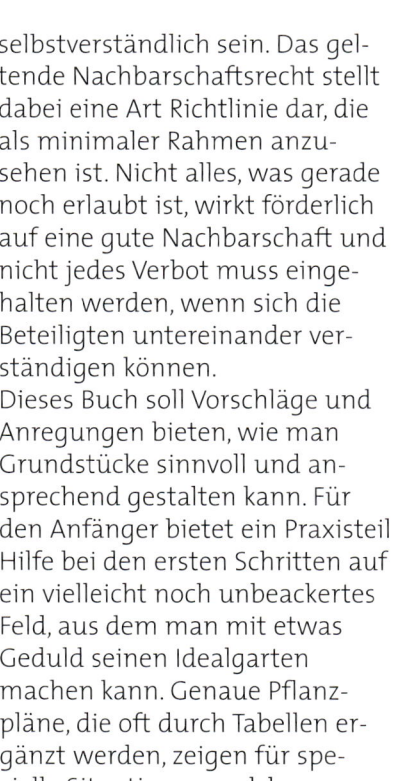

selbstverständlich sein. Das geltende Nachbarschaftsrecht stellt dabei eine Art Richtlinie dar, die als minimaler Rahmen anzusehen ist. Nicht alles, was gerade noch erlaubt ist, wirkt förderlich auf eine gute Nachbarschaft und nicht jedes Verbot muss eingehalten werden, wenn sich die Beteiligten untereinander verständigen können.
Dieses Buch soll Vorschläge und Anregungen bieten, wie man Grundstücke sinnvoll und ansprechend gestalten kann. Für den Anfänger bietet ein Praxisteil Hilfe bei den ersten Schritten auf ein vielleicht noch unbeackertes Feld, aus dem man mit etwas Geduld seinen Idealgarten machen kann. Genaue Pflanzpläne, die oft durch Tabellen ergänzt werden, zeigen für spezielle Situationen, welche

Gewächse wo am besten wachsen. Detaillösungen erklären anschaulich, wie etwa ein Rosenbogen gebaut wird oder eine Dachbegrünung funktioniert. Ein ausführlicher Porträtteil stellt die interessantesten Gewächse in Wort und Bild vor. Bei der Auswahl wurde besonders Wert darauf gelegt, dass die Pflanzen in Wuchsform und Größe für Reihenhäuser geeignet sind. Ein Adressenteil im Anhang hilft bei der Suche nach besonderen Sorten und gibt Tipps zur Beschaffung ausgefallener Materialien und Gartenhilfsmittel. Lassen Sie sich überraschen, wie viel auch in einem kleinen Garten möglich ist. Nicht die Größe oder der Geldbeutel, sondern die Phantasie entscheidet, ob es bei Einheitsgrün bleibt oder tatsächlich Ihr Traumgarten entsteht!

Links: Bei Neubauten muss vor dem Anlegen von Grünflächen erst Mutterbboden aufgebracht werden.

Rechts: Am Beginn jedes Traumgartens steht viel Handarbeit.

Ein Reihen-hausgarten entsteht

Das Grundstück kennen lernen und richtig planen

Mit einer geschickten Planung, die auch Spaliere sowie Pflanzen in Töpfen und Kübeln mit einbezieht, lässt sich auch aus einem kleinen Fleckchen ein Schmuckstück machen.

Nur selten ist ein Reihenhausgarten ein weites Feld, das Raum für alle Gestaltungsideen bietet. Da will schon genau überlegt werden, was und vor allem wie am geschicktesten geplant wird, damit alle oder wenigstens die meisten Bedürfnisse der Familie berücksichtigt werden. Im idealen Entwurf wird der vorhandene Raum bis zum letzten Winkel ausgenutzt, ohne dass der Garten vollgestopft und zugestellt aussieht. Wenn der Gartenbesitzer die meisten Arbeiten selbst macht, spart er viel Geld, steht aber mit manchem Problem auch allein da. Nicht umsonst heißt es dann: Guter Rat ist teuer. Doch wenn man von Anfang an bei der Planung und Ausführung Schritt für Schritt vorgeht, lassen sich viele Probleme schon im Ansatz vermeiden und manche Schwierigkeiten ausräumen.

Links: Es muss nicht immer ein Neubau sein. Bei älteren Reihenhäusern stellt sich jedoch mitunter die Frage, ob der Garten nicht umgestaltet werden kann.

Unten: Pergolen oder Spaliere bieten die Möglichkeit, den Gartenraum in die Senkrechte zu erweitern.

Überlegungen vor dem Kauf

Über die Frage der Größe eines Reihenhausgartens haben sich meistens schon die Bauträger und Architekten Gedanken gemacht. Im Durchschnitt dürften bei einem normalen Einfamilien-Reihenhaus zwischen 80 und 120 qm für den Garten zur Verfügung stehen. Gelegentlich gibt es aber auch Glücksfälle, wo ein erheblich größeres Grundstück – z.B. bei einem Endhaus in der Häuserzeile – gestaltet werden kann. Der Hauseigentümer steht jedoch so oder so vor vollendeten Tatsachen. Was mit der vorhandenen Grundfläche dann wirklich gemacht wird, kommt ganz auf die eigenen Vorstellungen, Ansprüche und möglichen Investitionen an.

Eine große, gepflasterte Terrasse, an die ein ausgedehnter Spielrasen für die Kinder anschließt, braucht eindeutig weniger Pflege als ein aufwändig angelegter Staudengarten oder ein ertrag-

reicher Nutzgarten. Garagen, Carports oder gepflasterte Wege sind nicht unbedingt als „Garten" zu bezeichnen, wobei Terrassen, Wege, Sitzplätze etc. durchaus Bestandteil eines Gartens sein können und diesen auch in vielerlei Hinsicht bereichern. Freiflächen wirken raumbildend, schaffen interessante Perspektiven und ermöglichen die Nutzung des Gartens als Freizeitbereich für vielfältige Aktivitäten. Auch ein verhältnismäßig kleiner Garten kann Größe ausstrahlen, wenn er geschickt und vielseitig geplant wurde. Diagonale Wege, vertikale Akzente, raumbildende Hecken, Pergolen oder Spaliere, selbst Senkgärten oder Hochbeete schaffen Platz für noch mehr Blüten, eine größere Arten- und Sortenvielfalt und das eine oder andere versteckte Eckchen zum Träumen.

Nutzt man nicht nur die Sommersaison für den Garten, sondern sorgt auch im Herbst und Winter für interessante Blickfänge – viele immergrüne oder spät- und winterblühende Arten

sowie Gehölze mit attraktiven Früchten oder Rinden bieten hierzu jede Menge Gelegenheit – dann wird der Garten plötzlich „doppelt so groß". Wird ein Garten lebendig und an die Bedürfnisse seiner Besitzer angepasst gestaltet, kann man aus einem Reihenhausgarten von einfach nur 120 qm ganz erheblich mehr herausholen.

Eine rundum positive Ausstrahlung trotz weniger Quadratmeter Grundfläche hat dieser bunt mit Einjährigen und Stauden bepflanzte Reihenhausgarten.

Neugestaltung oder Umgestaltung?

Wird ein Haus gekauft, das neu errichtet wurde, steht ganz klar auch eine Neugestaltung des Gartens von Grund auf an. Man hat sozusagen „Carte blanche", um all die Vorstellungen in die Tat umzusetzen, die man sich von einem richtigen Garten macht. Den äußeren Rahmen bestimmen dann die Bedingungen vor Ort wie die Größe und der Zuschnitt des Grundstückes, die Lage usw. (siehe dazu den Abschnitt „Grundstücks-Check"), der finanzielle Etat sowie das Maß an Zeit, das man für Erstanlage und spätere Pflege investieren kann und möchte. Der große Vorteil gegenüber einer Umgestaltung liegt darin, dass man nicht auf eine bestehende Bepflanzung oder vorhandene gartenarchitektonische Elemente Rücksicht nehmen muss. Einige Aspekte sollte man aber dennoch im Hinterkopf behalten, denn ein einmal angelegter Garten soll dauerhaft Freude schenken und nicht An-lass für ständige Umbauten und Neuschöpfungen sein, weil man mit dem Erreichten nicht zufrieden ist.

Worauf man achten sollte

Je nach Art der vorgesehenen Nutzung sollte man sich das Grundstück genau ansehen. Liegt es an einer Bahnlinie oder einer vielbefahrenen Straße oder könnte die vorhandene Straße einmal, z. B. wenn ein weiteres Wohngebiet in naher Zukunft erschlossen wird, ein erhöhtes Verkehrsaufkommen haben? Denken Sie daran, dass auch Erdwälle und die Bepflanzung mit Sträuchern nur einen Teil des Lärms und der Abgase abhalten. Hat das Grundstück ein leichtes Gefälle oder weist es sogar eine extreme Hanglage auf? Prüfen Sie die Bodenqualität: Gibt es staunasse Bereiche, wie hoch steigt das Grundwasser bei Regen, ist der Boden extrem steinig oder sandig, wurde beim Bau des Hauses Schutt und Abfall untergegraben?

Beachten Sie auch die klimatischen Besonderheiten des Grundstückes bzw. der Region. Neubausiedlungen mit Reihenhäusern werden oft am Rand bestehender Siedlungen geplant. Sie ragen als Erweiterungen des ursprünglichen Ortskernes meist in eine Landschaft mit Feldern und Weiden, was Vor- und Nachteile hat. Hauptvorteil ist sicher die Nähe zur Natur – solange die Siedlung nicht ständig erweitert und die Randlage mit Fernblick plötzlich verbaut wird. Das bedeutet aber auch, dass Wind und Wetter von der offenen Seite des Grundstückes wesentlich heftiger angreifen als sie es in einer geschlossenen städtischen Bebauung tun würden.

Eine weitere Bebauung der Umgebung kann zum Sinken des Grundwasserspiegels führen, was längerfristig nicht ohne Folgen für die Vegetation bleibt. Besonders wichtig: Nach welcher Himmelsrichtung liegt der Garten? Hat er genug Licht und wird er auch dann noch hell bzw. sonnig sein, wenn weitere Bauten in der Nachbarschaft entstehen oder der unmittelbare Nachbar hoch wachsende Gehölze pflanzt? Vergessen Sie nicht, Ihre Intuition mit ins Spiel zu bringen. Wenn man sich auf Anhieb nicht so ganz wohl auf dem Grundstück fühlt, dann sollte man sich gründlich überlegen, ob sich dies mit der Zeit ändern wird oder ob man besser die Finger davon lässt. Eine Möglichkeit, positive Energie in den Garten zu lenken, ist die Konsultation eines Feng-Shui-Spezialisten. Diese alte chinesische Lehre hat nichts mit Sekten oder irgendwelchem Hokuspokus zu tun, sie beschäftigt sich allein damit, einen harmonischen Energiefluss in der Umgebung des Menschen zu schaffen und dadurch das Leben positiv zu beeinflussen.

Bevor man mit der Arbeit beginnt

Bei dieser Frage geht es sowohl um den praktischen Nutzen eines Gartens als auch um Ihren ganz persönlichen Stil. Soll der Garten eher ländlich wirken oder im formalen Stil gehalten sein? Letzteres setzt dann mehr Arbeit und ein gewisses Maß an Disziplin voraus. Oder steht Ihnen der Sinn eher nach einem romantischen, verträumten Garten? Dann haben Reihen von Kohlrabi und Salatköpfen dort nichts zu suchen. Ein naturnaher Stil macht es möglich, recht viele Ansprüche unter einen Hut zu bringen. Anders, wenn man den Garten unter ein Motto stellt und ihn zum Beispiel mediterran, japanisch oder streng formal und rechtwinklig einrichtet. Dann stören alle Elemente, die nicht

„stilrein" sind. Überlegen Sie deshalb, bevor Sie sich entscheiden, was der Garten für Sie sein sollte – wird er reines Zierobjekt sein oder im Sommer ein erweitertes Wohnzimmer, ein Spielplatz für die Kinder, Auslauffläche für die Haustiere und obendrein ein Lieferant frischer Gemüse- und Obstsorten oder ein Experimentierfeld für den passionierten Pflanzenzüchter?

Vielleicht spielt auch der Prestigegedanke noch ein wenig mit hinein: Manch einer möchte gern zeigen, dass er etwas vom Metier versteht, möchte Bewunderung für besonders gut gelungene Pflanzenkombinationen erhalten und Lob für außergewöhnliche Blütenpracht einheimsen. Überlegen Sie schon im Stadium der Planung, wo Sie die Prioritäten setzen, denn ein Reihenhausgarten ist kein herrschaftlicher Park, in dem beliebig viel Platz zur Verfügung steht. Oft heißt es „Entweder – Oder", denn der Kompromiss „Sowohl – Als auch" bedeutet nicht selten ein heilloses Durcheinander und letztendlich doch nichts Richtiges. Im Fall eines Reihenhausgartens sollte man sich darauf besinnen, dass weniger oft tatsächlich mehr ist: Die Konzentration auf wenige Schwerpunkte macht es möglich, diese wirklich optimal zu gestalten und zu genießen.

Wie soll der Garten genutzt werden?

Dennoch muss nicht strikt nach dem Ausschließlichkeitsprinzip geplant werden. Wenn Sie sich dafür entschieden haben, Ihren Kindern im Garten Platz zum Spielen sowie Orte zum Verstecken und für Abenteuer zur Ver-

fügung zu stellen, dann können Sie sich trotzdem eine Ecke für den Küchengarten reservieren. Vielleicht haben die Kinder ja Freude daran, gelegentlich beim Aussäen zu helfen oder beim Beeren pflücken zu naschen und auf diese Art einen ersten Kontakt mit der Gartenarbeit zu bekommen. Sichtschutzwände, Hecken oder Pergolen können Gartenräume voneinander abtrennen, sodass in einem streng formalen Garten durchaus ein Eckchen für eine romantische Laube reserviert werden kann. Gartenkonzepte können sich außerdem mit den Jahren ändern. Sind die Kinder irgendwann einmal größer, kann der Garten umgestaltet werden. Nicht jeder Gartenwunsch muss gleich am Anfang erfüllt werden. Das Schöne am eigenen Garten ist ja unter anderem, dass man immer wieder neue Aufgaben vor sich hat...

Wieviel Zeit steht für die Pflege zur Verfügung?

Ein Reihenhausgarten dient nicht der ausschließlichen Selbstversorgung mit Nahrungsmitteln. Ein Ort der Ruhe und Erholung soll der Garten sein, wo man mit der Familie und mit Freunden schöne Mußestunden verbringt. Das setzt allerdings voraus, dass die Pflege nicht die gesamte Freizeit in Anspruch nimmt. Mit der Gartenplanung ergibt sich unweigerlich die Frage: Wer übernimmt welche Pflegearbeiten? Vielleicht tritt der Glücksfall ein, dass die Gartenarbeit das erklärte Hobby eines Familienmitgliedes ist. Meistens ist es jedoch anders und die Last der Pflege wird auf

Rechts: Pflegeleichtigkeit bedeutet nicht zwangsläufig, dass man den Vorgarten pflastern muss. Das rechte Beispiel darf als missglückter Versuch angesehen werden und braucht, um so sauber zu wirken, praktisch täglich Pflege.

mehrere Schultern verteilt. Mäht der eine den Rasen, übernimmt der andere dafür die Jätearbeiten und das Gießen. Folgende Fragen sollten Sie sich und Ihrer Familie vor und während der Gartenplanung auf jeden Fall stellen:

• Wer benutzt den Garten hauptsächlich und für was?
• Übernimmt einer die Verantwortung für die Konzeption und Weiterentwicklung des Gartens oder werden Veränderungen gemeinschaftlich entschieden?
• Welche Pflegearbeiten werden von wem übernommen?
• Kann man den Garten in verschiedene Bereiche aufteilen, für die dann jeweils ein Familienmitglied zuständig ist?
• Steht in der Saison, in der die meisten Pflegearbeiten anfallen (Frühjahr und Herbst) ausreichend Zeit zur Verfügung?
• Ist auch dann die Gartenpflege gewährleistet, wenn die Bewohner älter werden?

• Können alle Pflegearbeiten selbst ausgeführt werden oder muss man einen Gartenbaubetrieb beauftragen?
• Sind die entstehenden Kosten für die Pflege der gewünschten Anlage auf Dauer tragbar?

Denken Sie auch daran, dass ein „junger Garten" manchmal noch sehr pflegeleicht ist, weil weder Hecken noch Gehölze geschnitten werden müssen. Ältere Laubbäume jedoch lassen jeden Herbst eine Unmenge Blätter fallen, große Staudenbeete verlangen nach einigen Jahren eine Verjüngung, Kletterpflanzen müssen aus der Dachrinne gerupft werden und ein übers Jahr aufgeschichteter Komposthaufen sollte auch irgendwann einmal umgeschichtet und abgetragen werden. Oft tritt ein „Pflegenotstand" ein, wenn die eigene Kraft und die eigenen Kenntnisse nicht mehr ausreichen, um grundlegende Erhaltungs- oder Pflegemaßnahmen durchzuführen. Man kann dies entweder gleich

beim Entwurf berücksichtigen und von Anfang an einen pflegeleichten Garten planen oder später einzelne arbeitsintensive Bereiche (z. B. Gemüseecke oder Staudenbeete) zu anspruchsloseren Pflanzgruppen umgestalten.

Do-it-yourself spart Geld

Der Einsatz der eigenen Arbeitskraft spart besonders bei der Anlage und der Pflege eines Gartens enorme Kosten. Zeitaufwändige Arbeiten wie Rasen mähen und Unkraut jäten sind auch für echte Anfänger unter den Gärtnern keine große Schwierigkeit. Mit Hilfe praxisorientierter Gartenbücher kann jeder Laie die meisten Arbeiten am und im Garten lernen. Wenn nicht alles gleich perfekt aussehen soll, kann dieser Lernprozess sehr spannend und die gemachten Erfahrungen durchaus bereichernd sein. Einen Garten entstehen zu lassen hat sehr viel mit kreativem Ge-

Links: Eine fachmännisch aufgeschichtete Trockenmauer
gewährleistet nicht nur einen
schönen Anblick, sondern auch
dauerhafte Sicherheit.

Unten: In einem kindgerechten Garten dürfen Spielgeräte
oder ein Baum zum Klettern
und eine Gartenhütte nicht
fehlen.

stalten zu tun. Gleichzeitig mit
dem Garten wird die eigene Persönlichkeit sich weiter entwickeln
– Phantasie verleiht bekanntlich
Flügel. Sind die für die Arbeiten
nötigen Maschinen und Geräte
nicht vorhanden, kann man sich
überlegen, sie entweder anzu-
schaffen oder zu mieten. Ist der
Kauf- oder Mietpreis unverhält-
nismäßig hoch, z. B. weil man das
entsprechende Gerät nur einmal
oder sehr selten benutzen wird,
kommt es oft günstiger, wenn
man einen Fachbetrieb mit eige-
nem Maschinenpark mit den
Arbeiten beauftragt. Schließlich
braucht jedes zusätzliche Garten-
gerät und jede weitere Maschine
auch einen Platz zur Aufbewah-
rung, den man vielleicht besser
für anderes nutzen kann.

Kinder und Haustiere

In vielen Gartenbüchern sieht
man herrliche Bilder von romantischen Rosengärten, von üppig
blühenden Staudenbeeten, die
nahezu perfekte, dichte grüne
Rasenflächen einfassen und von
verwunschenen Lauben, die mit
zarten Clematisblüten umrankt

sind. Ein bequemer Deckchair am
Gartenteich verleitet zum Träumen. Das möchte so mancher
auch im eigenen Garten verwirklichen und tatsächlich ist dies
auch meistens möglich. Man
sollte sich nur vorher darüber im
Klaren sein, dass manche Gärten
eher für stille Genießer geeignet
sind und nicht so sehr für junge
Familien mit kleinen Kindern. Es
ist nun einmal eine Tatsache,
dass Kinder lieber mit ihrem
Hund auf dem Rasen herumtol-
len, als die Farbharmonien der
Blumenrabatten zu bewundern

oder an edlen Rosenblüten zu
riechen. Überlegen Sie daher
rechtzeitig im Planungsstadium,
ob Sie die Kinder mit ständigen
Verboten und Ermahnungen
drangsalieren möchten oder
besser gleich einen robusten,
kindgerechten Garten anlegen.
Denken Sie dabei nicht nur an
Verbote und Einschränkungen,
sondern auch daran, was für
Kinder den Garten interessant
machen könnte – Schaukel, Sandkasten und eine robuste Tobe-
wiese sind eigentlich selbstverständlich. Gesträuch und

verborgene Ecken locken zum Versteckspiel.

Besonders abenteuerlich ist es, wenn Kinder selbst eine Hütte oder ein Zelt aus Weidenruten bauen oder ihr eigenes kleines Beet anlegen dürfen. Womöglich ist sogar Platz für einen kleinen Kaninchenstall. Meistens ist später, wenn der Nachwuchs größer und verständiger ist, eine Umgestaltung des Gartens möglich und aus dem Sandkasten wird ein Hochbeet für Gemüse und Kräuter, wo die Schaukel stand, findet ein Pavillon Platz und die ehemalige Spielhütte dient dann zum Verstauen des Gartenmobiliars.

Tiergerechte Gärten

Für das Thema Haustiere gilt das Gleiche: Hunde lassen sich bis zu einem gewissen Grad erziehen, aber es sind und bleiben Tiere, die hauptsächlich durch ihren Instinkt geleitet werden. Gern wird ein Knochen im frisch gejäteten Beet vergraben oder einer vermeintlichen Maus hinterhergebuddelt. Kommt ein Nachbarhund am Grundstück vorbei, muss natürlich gebellt und womöglich auch eine kleine Verfolgungsjagd am Zaun entlang gestartet werden – eventuell auch mitten durch die Sommerblumen. Rüden markieren gern an allen Ecken, was z.B. eine Einfassung aus Buchsbaum durchaus übel nimmt. Hündinnen urinieren dafür mitten auf dem Rasen, was gelbe „Brandflecken" hervorruft.

Mancher Gartenbesitzer versucht, mit niedrigen Zäunen die Beete zu schützen oder mit Hasendraht zu große Zwischenräume zwischen Zäunen zu versperren, damit der Hund nicht gleich jeder Katze hinterherjagt. Das mag bei manchen Hunden Wirkung zeigen, andere lässt es unbeeindruckt. Auch Katzen sind übrigens nicht ohne Marotten: Wenn sie frisch geharkte, feinkrümelige Erde sehen, fühlen sie sich dazu animiert, ihr „Geschäft" dort zu vergraben. Gern liegen sie auch mitten in den Polsterstauden oder wälzen sich in der für sie so unwiderstehlich duftenden Katzenminze, bis nichts mehr davon übrig ist. Tiere haben keinen Sinn für „Schönheit" im Garten, wählen oft den kürzesten Weg von hier nach dort und brauchen einen gewissen Freiraum, um ihre Natur auszuleben. Berücksichtigen Sie dies also bei der Planung Ihres Gartens, damit Sie auf Dauer sowohl Ihrem Haustier als auch sich selbst eine Freude mit dem Garten machen.

Giftpflanzen

Wenn Sie Kinder haben, dann achten Sie besonders darauf, keine verletzungsträchtigen Pflanzen mit spitzen Dornen und Stacheln (Rosen, Brombeeren, Berberitzen, Feuerdorn u.a.) an exponierte Stellen zu pflanzen und sorgen Sie auch dafür, dass extrem giftige Pflanzen aus dem Garten verbannt werden, solange die Kinder klein sind. Kleinkinder untersuchen bekanntlich alles gern mit dem Mund. Älteren Kindern kann man durchaus klar

Pflanzen, die besonders giftig sind:

Anemonen – *Anemone* (alle Pflanzenteile)
Aronstab – *Arum* (Beere, Blüte und Wurzel)
Bärenklau – *Heracleum* (alle Pflanzenteile; Kontaktgift)
Berberitze, Sauerdorn – *Berberis* (Beere)
Besenginster – *Genista, Cytisus* (alle Pflanzenteile)
Blauregen, Glyzine – *Wisteria* (Frucht und Holz)
Buchsbaum – *Buxus* (Blatt)
Christrose – *Helleborus* (alle Pflanzenteile)
Eberesche – *Sorbus* (Beere)
Efeu – *Hedera* (alle Pflanzenteile)
Eibe – *Taxus* (alle Pflanzenteile außer rotem Samenmantel)
Eisenhut – *Aconitum* (alle Pflanzenteile)
Feuerdorn – *Pyracantha* (Beere)
Fingerhut – *Digitalis* (alle Pflanzenteile)
Geißblatt – *Lonicera* (Beere)
Goldregen – *Laburnum* (Rinde, Blüte und Frucht)

Herbstzeitlose – *Colchicum* (alle Pflanzenteile)
Kirschlorbeer – *Prunus laurocerasus* (Blatt und Samen)
Küchenschelle – *Pulsatilla* (alle Pflanzenteile)
Lebensbaum – *Thuja* (Triebspitzen und Zapfen)
Lupine – *Lupinus* (Frucht)
Mahonie – *Mahonia* (Beere)
Maiglöckchen – *Convallaria* (alle Pflanzenteile)
Oleander – *Nerium* (alle Pflanzenteile; Kontaktgift)
Pfaffenhütchen – *Euonymus* (Frucht)
Rhododendron, Azalee – *Rhododendron* (Blatt und Blüte)
Seidelbast – *Daphne* (alle Pflanzenteile)
Stechpalme – *Ilex* (Beere)
Wacholder – *Juniperus* (alle Pflanzenteile)
Wolfsmilchgewächse – *Euphorbiaceae* (Milchsaft)
Wurmfarn – *Dryopteris* (alle Pflanzenteile)
Zwerg-Holunder – *Sambucus ebulus* (Beere)

Schön, aber gefährlich: Der Fingerhut *(Digitalis purpurea)*. Alle Pflanzenteile sind bei Verzehr giftig. Ein Hautkontakt mit den Blättern kann zu Reizungen führen.

machen, dass nicht jede bunte Beere und nicht jede interessant aussehende Frucht gekostet werden darf.

Neuanlage eines Gartens – die umsichtige Planung

Bei einer Neuanlage will vieles berücksichtigt werden – nicht nur die Nutzungsschwerpunkte und der Aufwand an Pflege, die man dem Garten später zugestehen möchte (siehe oben), sondern auch, wie man was gleich zu Beginn am sinnvollsten plant, damit die Arbeiten konsequent und der Reihenfolge nach erledigt werden können.

Der Grundstücks-Check

Um zu wissen, was gemacht werden muss, sollte man einen Überblick darüber haben, was das Grundstück für Voraussetzungen bietet. Dafür ist ein „Grundstücks-Check" ein guter Einstieg in die praktische Planungsphase. Nehmen Sie sich die Zeit, das Grundstück auf sich wirken zu lassen. Ideal wäre es, den Ort zu verschiedenen Tages- und Jahreszeiten zu betrachten. Wenn dies nicht möglich ist, sollte man sich wenigstens Zeit für eine Bodenprobe nehmen und die Lichtverhältnisse anhand der Himmelsrichtung und der vorhandenen Bebauung prüfen. Wesentliche Fragen können Sie bei einem Grundstücks-Check klären:

- Von woher kommt der Lichteinfall?
- Welche Bereiche im Garten sind besonders sonnig/besonders schattig?
- Welches ist die Hauptwindrichtung?
- Wie ist der Boden beschaffen (zum Test siehe unten)?
- Wo ist der Boden besonders feucht/besonders trocken?
- Wo kann ein Sitzplatz angelegt werden?
- Wo ist ein Sichtschutz (Hecke, Lamellenwand, begrüntes Spalier o. ä.) nötig?
- Ist eine befestigte Terrasse vorhanden? Wenn ja, ist der Belag/das Pflaster ansprechend?
- Ist ein Windschutz nötig?
- Gibt es vorhandene (befestigte) Wege und sollen sie beibehalten werden?
- Wo sind Zugänge bzw. Zufahrten nötig?
- Welche Gebäude (auch auf den Nachbargrundstücken) beeinflussen den Garten optisch und klimatisch?
- Werden in naher Zukunft weitere Gebäude errichtet oder bleibt der Status quo?
- Gibt es vorhandene Vegetation (Bäume, Sträucher, Rasen etc.)? Sind die Pflanzen gesund?
- Was davon kann für den geplanten Garten übernommen, was soll entfernt werden?
- Wie groß sind vorhandene Gehölze auf dem eigenen/dem Nachbargrundstück? Wie hoch werden sie sich in den nächsten Jahren entwickeln?

Neben den klimatischen Bedingungen (Licht und Windrichtung) ist die Bodenbeschaffenheit für die Planung der Gartenanlage wichtig. Im sauren Bodenmilieu wachsen andere Pflanzen als in sandigem Boden oder in kalkigem Schotterboden. Staunasse

Böden erkennt man daran, dass nach dem Regen das Wasser nicht versickert, sondern lange in Pfützen und Lachen stehen bleibt. Auf der Bodenoberfläche bildet sich bald ein Moosbelag. Beim Graben dringt der Spaten schwer in den Boden ein. Ursache kann verdichteter Boden nach dem Einsatz schwerer Baumaschinen oder auch eine wasserundurchlässige Tonschicht in einiger Tiefe sein. In beiden Fällen löst eine fachgerecht verlegte Dränage das Problem.

Bodenproben

Die Qualität des Bodens können Sie entweder von einem Labor für Bodenuntersuchung testen lassen – dann erhalten Sie Aufschluss über die genaue Zusammensetzung des Bodens, den Gehalt an Mineralien, Spurenelementen usw. – oder Sie machen selbst einfache Tests wie die Finger- oder Schlämmprobe, die Ihnen schon Grundsätzliches über die Beschaffenheit des Bodens offenbaren.

Bei der Fingerprobe nehmen Sie eine Handvoll leicht feuchte, aber nicht regennasse Erde, drücken sie fest zusammen und betrachten das Ergebnis. Stark tonhaltige Böden lassen sich gut kneten. Ein daraus geformtes Kügelchen wird bei Trocknung hart und kompakt. Solche Böden brauchen einen Ausgleich durch Sand und Humus, um gute Gartenböden zu werden. Lehmboden, der ideale Gartenboden, lässt sich ebenfalls kneten, hat aber eine etwas gröbere Struktur, da er eventuell mit Steinchen oder Humusanteilen durchsetzt ist. Er zerbröselt beim Trocknen. Gelegentliche Düngergaben (Kompost) fördern eine positive Bodenentwicklung. Sandboden lässt sich weder formen noch kneten, hat eine fühlbare Körnchenstruktur (Quarzkristalle) und rieselt bei Trocknung durch die Finger. Er trocknet sehr schnell, ist extrem durchlässig und kann durch Beigabe von Lehm und Humus bindiger gemacht werden. Ein Boden, der kaum bei Neuanlagen angetroffen wird, ist Humus-

boden. Er ist nicht mineralischen Ursprungs, sondern wird von verrotteten Pflanzen gebildet. Faserige, organische Bestandteile sind gut erkennbar. Er ist reich an Nährstoffen und hält die Feuchtigkeit gut. Wenn Sie Mutterboden mit einem hohen Humusanteil bekommen, haben Sie die besten Voraussetzungen für einen fruchtbaren Gemüsegarten. Übrigens: Sind im feuchten Boden reichlich Regenwürmer anzutreffen, dann ist dies ein sehr gutes Zeichen für eine gesunde Bodendynamik.

Oben: Diese Fingerprobe zeigt: Der Boden ist lehmig, da er sich kneten lässt, aber dennoch eine krümelige Struktur besitzt.

Links: Schattige Bereiche mit feuchtem, schwerem Boden können bei geschickter Pflanzenauswahl dennoch attraktiv bepflanzt werden. Hier wurden Weißer Hahnenfuss *(Ranunculus aconitifolius)*, Waldgeißbart und verschiedene Funkien mit genügsamen Bodendeckern kombiniert. Das im Frühjahr durch die noch nicht belaubten Bäume einfallende Licht genügt der Strauchpaeonie.

Bei der zweiten, einfach selbst durchzuführenden Bodenprobe, der Schlämmprobe, wird eine kleine Menge Erde in ein Glas mit Wasser gegeben. Nach dem Umrühren sinkt zuerst der Sand ganz nach unten, darüber bildet der Lehm eine trübe Brühe und setzt sich später als Schlammschicht ab. Ton ist schwerer löslich als Lehm. Die faserigen Humusanteile schwimmen oben auf. So können Sie die jeweiligen Anteile in der Bodenprobe leicht bestimmen.

Wollen Sie den Nitrat-, Phosphat- oder Calcitgehalt des Bodens testen, können Sie auf kinderleicht anzuwendende Test-Sets aus dem Gartenfachhandel zurückgreifen. Der Nitrat-Test gibt Ihnen Aufschluss darüber, ob Ihr Boden eher sauer oder eher basisch ist. Gemessen wird der sogenannte pH-Wert. Ideal ist ein pH-Wert von 6,5 bis 7, was man als neutral bezeichnet. Liegt der Wert darunter, ist der Boden sauer, liegt er darüber, ist er basisch.

Sinnvoll ist es, alle Tests nicht nur an einer Stelle, sondern an verschiedenen Punkten des Grundstückes vorzunehmen. Oft variiert die Bodenbeschaffenheit selbst auf kleinen Flächen, sei es durch Bodenbewegungen beim Hausbau, durch Erosion in Hanglagen oder durch andere Faktoren wie große Bäume in der Nachbarschaft oder die Nähe zu Gewässern.

Zufahrten

Viele Reihenhausgärten haben keine direkte Zufahrt. Material und Pflanzen müssen durch den Hausflur, oft sogar durch das Wohnzimmer in den Garten transportiert werden. In solchen Fällen ist es wichtig, dass die groben Erdarbeiten, Mauer- und Pflasterarbeiten und andere aufwändige Aktivitäten erledigt sind, bevor man an die Innenausstattung des Hauses geht. Parkett oder Teppichboden werden es danken, wenn nicht mehr mit Schubkarren darübergefahren werden muss.

Oft besteht die Möglichkeit, von der Gartenrückseite her über einen schmalen Weg oder einen Garagenhof an das Grundstück heranzukommen. Allerdings ist diese Zufahrt oft so schmal oder verwinkelt, dass größere Gartenmaschinen oder gar ein Minibagger zum Ausheben des Gartenteiches nicht bis in den Garten vordringen können. In solchen Fällen ist notgedrungen Handarbeit angesagt. Man sollte das beim Entwerfen von Gestaltungen dann entsprechend berücksichtigen und nicht gerade ausgedehnte Teichanlagen oder aufwändige Terrassierungen planen. Reihenendhäuser verfügen über eine günstigere Ausgangssituation: An einer Seite des Grundstückes kann der Garten direkt vom Gehweg oder der Straße aus betreten werden. Manchmal wird eine Garage oder ein Carport angegliedert. Sinnvollerweise sollte man dann einen – eventuell fest verschließbaren – Durchgang zum Garten freihalten, um mit Material und Maschinen von der Strasse bzw. vom Auto bequem in den Garten gelangen zu können.

Hier liegt der Carport vor dem Haus. Durch die offene Gestaltung bleibt der Zugang zum Garten frei. Eine Begrünung mit Kletterpflanzen würde eine attraktive Verbindung von Architektur und Garten schaffen.

Mutterboden

Als Mutterboden bezeichnet man die oberste, belebte Bodenschicht, die durch Pflanzenwuchs und organische Rückstände einen gewissen Humusanteil aufweist. Bodenbakterien, Regenwürmer und Insekten sorgen für eine aktive Bodenflora, was die Erde locker hält und das Pflanzenwachstum fördert. Humusstoffe sind bräunlich oder, wenn sie feucht werden, schwärzlich. Die Farbe eignet sich daher gut, die Mutterbodenschicht von anderen tiefer liegenden Bodenschichten zu unterscheiden. Eine weitere Möglichkeit der schnellen Bodenprüfung ist die Finger- oder die Schlämmprobe (siehe oben). Gute Böden weisen eine Mutterbodenschicht von mindestens 30 cm Höhe auf, bei schlechten Böden kann die Schicht auch weniger als 20 cm betragen. Für das Anlegen von Gärten auf Neubaugrundstücken ist es wichtig, dass es eine ausreichend dicke Mutterbodenschicht gibt. Nur dann lohnt sich überhaupt die Aussaat von Rasen oder das Pflanzen von Stauden. In der Regel fällt Mutterboden bei Neubauten an. Im Idealfall wird bei einem Hausbau die oberste Bodenschicht (etwa 30 cm) abgehoben und separat auf einer Miete gelagert. Man kann für die Zeit der Zwischenlagerung eine Gründüngung – vor allem Schmetterlingsblütler wie Wicken, Kleearten und Lupinen –, einsäen. Nach Beendigung der Bauarbeiten wird der Mutterboden dann als oberste Humusschicht zur Anlage des Gartens wieder verteilt. Er sollte dafür aber nicht länger als ein Jahr zwischengelagert worden sein, da sonst die Bodenbakterien in einer Tiefe von mehr als 20 cm abgestorben sind.

Achten Sie darauf, dass der Haufen mit Mutterboden während der Bauphase nicht als Abfallhaufen für Bauschutt o. ä. verwendet wird. Bei zugekauftem Mutterboden (siehe unten) sollte man nicht blind auf die Angaben der Lieferfirma vertrauen, sondern möglichst eine Bodenprobe machen, bevor man in den Handel einwilligt. Wer beste Qualität möchte, sollte gesiebten Mutterboden verlangen. Zur Berechnung des Bedarfs gilt folgende Regel: Sie brauchen eine mindestens 20 cm dicke Schicht Mutterboden. Ein Kubikmeter Mutterboden reicht also für vier bis fünf Quadratmeter Gartenfläche. Kalkulieren Sie nicht zu knapp, denn der frische Boden sackt noch etwas und eventuell müssen Sie auch Bodenunebenheiten ausgleichen.

Aufstellen eines Gartenplans

Am einfachsten ist es, wenn Sie den Grundriss des Grundstückes mit dem eingezeichneten Haus vom Architekten als Vorlage nehmen. Gibt es keinen Plan des Grundstückes, müssen Sie das Gelände und die Gebäude selbst abmessen und auf einem Plan möglichst im Verhältnis 1 : 50 oder 1 : 100 einzeichnen. Die Aufsicht ist die ideale Form, um einen Gartenplan zu zeichnen. Kopieren Sie den Plan nach Möglichkeit mehrfach, sodass Sie verschiedene Entwürfe machen können.
Ergänzen Sie nun den Plan um die angrenzenden Nachbargebäude und eventuell höhere Gehölze, damit Sie Licht- und Schattenzonen bei der Planung

berücksichtigen können. In der ersten Phase sollten Sie alle vorhandenen Elemente, die integriert werden sollen wie z. B. Gehölze, Mauern, Garage oder Carport etc. eintragen. Dann folgen die festen baulichen Bestandteile des Gartens, die neu hinzukommen wie Terrasse, Treppen, befestigte Wege, Teiche, Pergolen, Frühbeet, Kinderspielgeräte, Sandkasten etc. Der so „möblierte" Garten wird dann mit Pflanzen ergänzt. Beginnen Sie mit den Gehölzen und Hecken. Zeichnen Sie Bäume nicht nur als Jungpflänzchen, sondern berücksichtigen Sie die entstehende Krone, indem Sie einen maßstabsgerechten Kreis an der Stelle zeichnen. Sträucher können Sie einzeln oder in Gruppen einzeichnen, Stauden und Rosenbeete werden als Fläche markiert. Eine Ausnahme stellen große, frei stehende Solitärstauden und Strauchrosen dar, die einzeln eingezeichnet werden. Markieren Sie auch die Rasenflächen und zeichnen Sie Schmuckobkjekte (Skulpturen, Sonnenuhren etc.) ein.

Was unbedingt dazugehört

Vergessen Sie bei der Planung nicht die alltäglichen Notwendigkeiten. Auf jedem Grundstück muss Platz für die Mülltonnen reserviert werden. Damit sie nicht über das gesamte Grundstück geschleppt werden müssen, ist ein Platz nahe der Straße, also im Bereich des Vorgartens, sinnvoll. Ein begrünter Unterstand entzieht sie den Blicken. Wer einen Garten hat, der sollte auf einen Kompost nicht verzichten, denn er erleichtert die Entsorgung der Gartenabfälle. Sinn-

Links: Eine bunte Bepflanzung des kleinen Gärtchens vor dem Haus macht es möglich, unschöne Mülltonnen und andere notwendige Übel zu verstecken.

Rechts unten: Wege und die Uferbefestigung von Teichen gehören zu den Arbeiten, die Vorrang haben. Eine Bepflanzung wird im ersten Jahr schnell und attraktiv mit vorgezogenen oder gekauften Einjährigen vorgenommen.

voll ist eine Platzierung in einer halbschattigen Ecke des Grundstückes, aber möglichst nicht vor der Nase der Nachbarn! Braucht man ein Gartenhaus zum Unterbringen von Gartenmöbeln, Rasenmäher oder anderen Gartenutensilien? Barbequefreunde sollten auch an eine Grillecke denken, die so gelegen ist, dass Gerüche weder ins eigene noch ins nachbarschaftliche Schlafzimmer dringen.

Hat man die Möglichkeit, Regenwasser zum Gießen aufzufangen, ist eine Regentonne an entsprechender Stelle unterzubringen. Denken Sie an einen Überlauf, der nicht gleich das Fundament des Hauses freispült – im Fachhandel gibt es Regenrohre, die variabel das Wasser entweder in den Auffangbehälter oder in die Kanalisation ableiten. Weitere wichtige Elemente der Planung sind Zäune an den Grundstücksgrenzen, der

Carport – den man übrigens wunderbar mit Kletterpflanzen begrünen kann –, eine regengeschützte Abstellfläche für die Fahrräder, die Außenbeleuchtung und damit die Elektrizität im Außenbereich und die befestigten Wege vom Haus in den Garten und zur Straße.

Ein „Grünes Wohnzimmer" im Freien

Nach der Pflicht kommt die Kür: Ein eigener Garten gibt die Möglichkeit, zahlreiche Aktivitäten im Garten zu verwirklichen, die im Haus oder auf dem Balkon nicht möglich sind. Dies setzt jedoch voraus, dass man die nötigen Entscheidungen rechtzeitig getroffen und bei der Planung berücksichtigt hat.

Ein Garten kann im Sommer zum „Wohnzimmer im Grünen" wer-

den, wenn der Garten entsprechend „eingerichtet" wurde. Unverzichtbar ist eine Spielecke für die Kinder, am besten mit einer Schaukel und einem bei Regenwetter mit einer Plane oder einem Holzdeckel abdeckbaren Sandkasten. Die Spielecke sollte sich möglichst auf einer Rasenfläche befinden oder wird mit angenehm weichem Rindenmulch abgedeckt, denn auf harten (Pflaster-)Steinen verletzen sich die Kinder beim Hinfallen viel zu schnell. Achten Sie auch darauf, keine dornigen oder giftigen Pflanzen in die Nähe zu setzen!

Für die Erwachsenen ist ein Grillplatz oder ein ausreichend großer Sitzplatz mitten im Grünen, wo man Gartenpartys feiern kann, eine sinnvolle Einrichtung. Fest installierte, wetterfeste Holzbänke reduzieren die Vorbereitungszeit für Partys und machen

Spontaneinladungen zum echten Vergnügen – auch für die Gastgeber. Eine Laube oder ein Gartenpavillon sorgen dafür, dass man unabhängig vom manchmal recht launischen Wetter ist. Eine bunte Lichterkette gehört in jedem Fall dazu. Begehrt wird auch ein Platz in der Laube sein, wenn sie direkt am Gartenteich steht und man bei Regenwetter dem sanften Plitsch-Platsch der Tropfen lauschen kann.

Größere Teiche können als Schwimmteich ausgebaut werden, mit einer tiefen Zone, die von der Vegetation der Flachwasserzone abgegrenzt ist. Der Tiefwasserbereich profitiert hierbei gleichzeitig von der natürlichen Klärwirkung der bewachsenen Flachwasserzone.

Wird die Terrasse mit einer regenfesten Markise ausgerüstet, kann man dort auch bei schlechtem Wetter die eine oder andere Mußestunde verbringen. Verglaste Trennwände, die bei Bedarf einen Wintergarten schaffen, erlauben an milden Wintertagen einen Aufenthalt im Terrassenbereich. Empfindliche Pflanzen finden hier auch ein frostsicheres Winterquartier.

Prioritäten bei der Zeitplanung setzten

Nach dem Kauf eines Hauses stehen unzählige Arbeiten an. Manche Dinge müssen gleich erledigt werden und belasten das Budget erheblich. Dass dann für anderes vielleicht nicht mehr genug Zeit, Kraft und Geld vorhanden ist, bedeutet nicht, dass diese Programmpunkte gänzlich von der Liste gestrichen werden müssen. Überlegen Sie, was vorrangig ist und setzen Sie Schwerpunkte.

Grundsätzliche Arbeiten, etwa das Aufbringen von Mutterboden und die Umzäunung des Grundstückes haben absoluten Vorrang. Weitere Arbeiten, die Sie auf jeden Fall gleich zu Anfang machen sollten, sind größere Erdbewegungen, der Aushub eines Teiches und die Terrassierung von Hanglagen sowie alle Arbeiten, die den Einsatz von größeren Maschinen erfordern. Hierzu gehört auch das Fällen großer Bäume. Verlegen Sie Strom- und Wasserleitungen nach den groben Bauarbeiten. All diese Arbeiten lassen sich später, wenn der Garten teilweise schon bepflanzt ist, kaum ohne bleibende Schäden durchführen. Wurde ein Loch für einen Gartenteich ausgehoben, muss dieser auch gesichert werden, damit die Grube nicht wieder zufällt. Dies bedeutet: Mit Teichfolie oder Naturabdichtung (Lehm, Bentonit usw.) auskleiden und die Ufer mit Natursteinen bzw. Steinplatten befestigen sowie den Teich mit Wasser befüllen, damit die Teich-

folie bzw. Naturauskleidung nicht durch Sonne oder Frost porös wird. Die Bepflanzung kann dann nach und nach vorgenommen werden.

Zu den Arbeiten, die gleich zu Beginn gemacht werden sollten, gehört auch die Befestigung der Terrasse, denn erstens verhindert eine gepflasterte Fläche zwischen Haus und Garten, dass ständig Erdklumpen und anderer Schmutz ins Wohnzimmer getragen werden und zweitens kann man gleich von Anfang an die Gelegenheit zum Ausspannen im Freien nutzen. Man merkt dann auch recht schnell durch praktische Erfahrung, ob eine Sichtschutzwand zu den Nachbarn oder zur Straße hin nötig ist und wo ein Wind- oder Sonnenschutz gebraucht wird. Die Bepflanzung des Gartens hat indes weniger Eile. Frisch aufgebrachter Mutterboden muss sich erst einmal setzen. Es genügt, wenn man die groben Strukturen des Gartens festlegt, also Wege,

Sitzplätze und den Bereich, wo später der Rasen wachsen soll. Berücksichtigen Sie die saisonalen Pflanzzeiten für Stauden und Gehölze und denken Sie daran, dass eine Raseneinsaat nur im Früh- oder Spätsommer, also zu der Zeit, wo es weder zu heiß noch zu kalt ist, sinnvoll ist. Zur falschen Zeit Gepflanztes wächst schlecht oder gar nicht an und muss später durch eine Neupflanzung ersetzt werden. Das bedeutet doppelte Arbeit – und doppelte Kosten. Nehmen Sie lieber eine Saison Tohuwabohu im Garten in Kauf oder säen Sie als Überbrückung eine Gründüngung zur Bodenverbesserung aus, statt durch eine übereilte Bepflanzung viel Geld zum Fenster hinauszuwerfen. Im ersten Jahr tun es auch einige bunt bepflanzte Töpfe und Kübel, die man um die Terrasse herum platziert, bis die Planung ausgereift ist und Zeit und Geld für die gewünschte Gestaltung des Gartens vorhanden sind.

Baumaterialien beschaffen

Verfügt man selbst nicht über Mutterboden (siehe oben), weil die Bauarbeiten für die Reihenhaussiedlung schon abgeschlossen sind, dann kann man über Kleinanzeigen in der Lokalpresse Mutterboden suchen. Prüfen Sie vor einer Zusage aber, ob die Bodenqualität den Erwartungen und Anforderungen entspricht. Nicht alles, was als Mutterboden angeboten wird, ist auch wirklich solcher. Böden können außerdem auch innerhalb einer Region sehr unterschiedlich beschaffen sein. Manchmal genügen wenige hundert Meter Entfernung und die

Erde hat wieder eine ganz andere Zusammensetzung. Die sicherste Methode, zur rechten Zeit Mutterboden zu bekommen, ist die Anfrage bei Unternehmen, die Bagger- und Straßenbauarbeiten ausführen. Zu dem Preis für das Material – etwa 15,– DM bis 20,– DM pro Kubikmeter – kommt zusätzlich die Anfahrtsgebühr hinzu. Auch hier sollten Sie die Bodenqualität prüfen. Ordern Sie, wenn möglich, gesiebten Mutterboden.

Noch vor wenigen Jahren war es recht schwierig, Baumaterial für Gartenteiche, Einfassungen mit Holzpalisaden oder Gartentreppen zu bekommen. Liebhaber von Gartenteichen mussten sich für

die Beschaffung entsprechender Materialien über diverse Schwierigkeiten hinwegsetzen und oft einen Kompromiss eingehen. Inzwischen gibt es nicht nur in vielen Baumärkten eine große Gartenabteilung mit Teichzubehör, sondern Gartencenter haben oft spezielle Teichcenter, wo man von der Teichfolie über Pumpen und Pflanzen alles bis hin zu Fischen und Schmuckaccessoires bekommt. In Gartenzeitschriften (siehe Anhang) inserieren zahlreiche Fachbetriebe, die sich auf besondere Materialien oder Techniken spezialisiert haben.

Im Baustoffhandel gibt es neben Sand und Kies für die Teich- und Gartengestaltung eine Vielzahl attraktiver Kunst- und Natursteinsorten zum Selberverlegen sowie Holzpflaster, druckimprägnierte Holzpalisaden und anderes. Vereinbaren Sie bei Mengen von mehreren Kubikmetern am besten eine Lieferung frei Haus. Do it yourself ist angesichts ständig gestiegener Arbeitslöhne für Handwerker inzwischen eine weitverbreitete Devise. Aber Achtung: Nicht alles sollte man selbst versuchen. Manche Arbeiten sind körperlich zu anstrengend für den Laien – ein Rückenschaden kommt allemal teurer als die Rechnung für einen Handwerker.

Professionelle Hilfe bei Anlage und Pflege

Wenn Sie sich bei der Planung, Ausführung und Pflege Ihres Gartens auf die Hilfe eines Gartenbaubetriebes stützen

möchten, sollten Sie sich im Vorfeld informieren, wem Sie den Auftrag erteilen. Fast jeder Gartenbaubetrieb hat seinen eigenen Stil, der eine mehr naturnah, der andere hat sich auf Wassergärten spezialisiert und wieder ein anderer gestaltet und wartet vor allem pflegeleichte Anlagen für vermietete Wohnanlagen. Sie können im Branchentelefonbuch nachsehen, ob Betriebe in Ihrer Nähe existieren. In Großstädten und deren Einzugsbereich dürfte es kaum einen Mangel geben, sondern eher ein Problem sein, zwischen den unzähligen Einträgen einen auszuwählen. Erkundigen Sie sich nach den Qualifikationen der Mitarbeiter, denn nicht alle sind wirklich aus der Gartenbaubranche. Wenn es um das Rasenmähen geht, mag das keine Rolle spielen, aber Obstbäume und Edelrosen kann nicht jeder Laie schneiden.

Eine andere Möglichkeit, zuverlässige Betriebe zu finden: Achten Sie in der Tagespresse auf die monatliche Gartenseite. Normalerweise inserieren dort lokale Gartenbaubetriebe. Meistens geht schon aus den Inseraten hervor, welche Schwerpunkte die Betriebe haben. Oft wissen auch Bekannte oder, wenn Sie neu zugezogen sind, die neuen Nachbarn, wer Ihnen bei der Planung, Anlage oder Pflege des Gartens behilflich sein kann.

Hilfe bei einfachen Arbeiten

Wenn die Anlage „steht", die Gehölze gut eingewachsen sind und die Beete üppig wuchern, wächst manch einem die Gartenarbeit über den Kopf. Vielleicht ist man auch beruflich ein Stück die Karriereleiter hinaufgeklettert oder die Familie braucht durch

Links oben: Im ersten Jahr genügen auch einige bunt blühende Einjährige und bepflanzte Kübel, um Farbe in den Garten zu bringen. Wenn später mehr Zeit ist, kann eine dauerhafte Bepflanzung mit Gehölzen und Stauden erfolgen.

Rechts: Die Pflege und der richtige Schnitt von Edelrosen will gelernt sein. Wer sich dies nicht zutraut, sollte lieber gleich einen Fachmann beauftragen.

den einen oder anderen Zwischenfall mehr Aufmerksamkeit, sodass plötzlich keine Zeit mehr für die sonst so gern verrichtete Gartenarbeit ist. Ein weiterer Grund, Hilfe bei der Gartenpflege zu suchen sind Arbeiten wie Bäume stutzen oder Hecken schneiden, was für manch einen einfach eine Nummer zu groß ist. Für einen qualifizierten Baumschnitt sollte man sich an einen Gartenbaubetrieb wenden. Für andere Pflegearbeiten wie Rasen mähen, Unkraut jäten oder auch Hecke schneiden gibt es viele fleißige Helfer, die gegen stundenweise Entlohnung zupacken. Oft verdienen sich Schüler und Studenten, aber auch Rentner mit leichten Pflegearbeiten ein Taschengeld. In Kleinanzeigen von Lokalzeitungen finden Sie zahlreiche Angebote dieser Art.

Oben: Mit einer solchen Heckenschere wird die Einfassung aus Buchsbaum besonders liebevoll geschnitten. Einfacher und schneller geht es mit einer elektrischen Heckenschere.

Rechts: In kleine Reihenhausgärten sollte man keine großen oder raschwüchsigen Gehölze pflanzen. Wenn ein einzelner „Hausbaum" gewünscht wird, darf es ausnahmsweise auch einmal ein größeres Exemplar sein.

Was kostet ein Garten vom Fachmann?

Alle Arbeiten kann man von professionellen Gartenbauunternehmen ausführen lassen. Das hat natürlich auch seinen Preis. Eine Gärtnerstunde kostet zurzeit (Stand: Sommer 2000) zwischen 55,– und 75,– DM. Hinzu kommen die Kosten für Anfahrt, Maschineneinsatz (bei Baggerarbeiten mit dem Minibagger wird oft eine Berechnung nach Kubikmetern bewegter Erde vorgenommen), Material (Spezialerden, Rasensamen, Dünger, Pflanzenschutzmittel usw.) und den Abtransport bzw. die Entsorgung von Schnittgut und anderen Gartenabfällen. Letzteres wird nach Gewicht berechnet und liegt zurzeit bei etwa 125,– DM pro Tonne.

Wird Mutterboden angefahren, kommen zu den Kosten für das Material und die Lieferung – zusammen etwa 70,– bis 80,– DM pro Kubikmeter – zusätzlich die Kosten für das Verteilen des Bodens durch den Gartenbaubetrieb hinzu. (Alle Preisangaben verstehen sich ohne Mehrwertsteuer.) Vergessen Sie bei der Kalkulation nicht die Kosten für die Pflanzen und Baumaterial wie z. B. Pflastersteine und Sichtschutzwände. Soll die Gartenpflege auf Dauer von einem Fachbetrieb übernommen werden, muss mit weiteren monatlichen Kosten gerechnet werden. Je nach Größe und Gestaltung des Grundstücks ist ein Gärtner zwischen einem halben und eineinhalb Tagen pro Monat beschäftigt.

Ideal ist es, wenn Maschinen wie Heckenschere, Rasenmäher oder Vertikutierer im Haus vorhanden sind, denn nicht jeder „gute Geist" verfügt auch über einen Maschinenpark. Regelmäßige und größere Pflegeaufträge, besonders solche, bei denen verletzungsträchtige Maschinen eingesetzt werden, sollten Sie – schon aus Versicherungsgründen – nicht von Laien, sondern von einem Fachbetrieb durchführen lassen.

Wenn es ganz schnell gehen soll: große Bäume aus der Baumschule

Bei einem kleinen Grundstück, wie es die meisten Reihenhausgärten nun einmal sind, sollte

man eigentlich froh sein, wenn die Bäume nicht so schnell in den Himmel wachsen. Dennoch gibt es Situationen, wo möglichst sofort ein Sichtschutz oder ein Schattenspender gebraucht wird. Zwei Möglichkeiten stehen zur Wahl: Entweder wird ein sehr raschwüchsiges Gehölz wie z. B. Ahorn (Rotahorn, Silberahorn, Feldahorn u. a.), Esche oder Salweide gepflanzt, das innerhalb weniger Jahre recht groß wird und dann vielleicht den gesamten Garten dominiert, oder man besucht eine gut sortierte Baumschule, die nicht nur Jungpflanzen führt, sondern eine breite Auswahl auch älterer Gehölze anbietet. Dort können Sie sich fachkundig beraten lassen, welche Arten sich selbst im ausgewachsenen Zustand für kleinere Grundstücke eignen bzw. ob sie gut schnittverträglich sind, damit der Wuchs kontrollierbar bleibt.

Viele Gehölze, sowohl Bäume als auch Sträucher, können auch dann verpflanzt werden, wenn sie schon größer sind. Voraussetzung dafür ist, dass sie in der Baumschule während des Wachstums mehrfach aufgenommen und verpflanzt wurden. Dadurch hat sich ein kompakter Wurzelballen gebildet. Normalerweise gibt Ihnen die Baumschule unaufgefordert Auskunft darüber, wie oft ein größerer Solitär verpflanzt wurde. Die älteren Exemplare sind durch den Mehraufwand an Pflege, die sie im Laufe ihres Pflanzenlebens brauchten, deutlich kostspieliger als Jungpflanzen.

Die richtige Entscheidung treffen

Nicht immer ist gewährleistet, dass so ein Gewächs die Umpflanzaktion auch gut übersteht. Seriöse Baumschulen geben für das erste Jahr eine Art „Anwachsgarantie". Erkundigen Sie sich beim Kauf danach! Baumschulen übernehmen – kostenpflichtig – auch die manchmal recht schwierige Lieferung von großen Gehölzen. Da sie Erfahrung damit haben und auch über die nötige Ausrüstung (Hebekran etc.) verfügen, ist dies eine sinnvolle Investition, die Sie nicht scheuen sollten, denn schon mittelgroße Gehölze mit Ballen haben ein nicht zu unterschätzendes Gewicht. Außerdem beeinträchtigen abgebrochene Hauptäste oder gar eine beschädigte Spitze die Gesamterscheinung eines Gehölzes entscheidend.

Die beste Pflanzzeit für Gehölze

Während in Pflanzcontainern kultivierte Kleingehölze fast das ganze Jahr über, ausgenommen in den Frostperioden, gepflanzt werden können, beschränkt sich die Pflanzzeit für größere Gehölze auf die Zeit der Winterruhe. Dies gilt sowohl für Laub- als auch für Nadelgehölze. Da bei jedem Umpflanzen ein Teil des Wurzelgeflechtes verletzt wird bzw. verloren geht, tritt nach dem Umpflanzen ein „Versorgungsnotstand" ein. Der hat weniger dramatische Folgen, wenn sich das Gehölz in Winterruhe befindet, da die Verdunstung durch die oberirdischen Pflanzenteile dann deutlich geringer ist. Immergrüne Gehölze wie Scheinzypressen, Lebensbäume und Lorbeerkirschen verdunsten jedoch auch im Winter eine Menge Wasser, darum müssen sie nach dem Verpflanzen besonders konsequent bewässert werden.

Nachbarschaftsrecht

Überall, wo Menschen dicht zusammenleben, kann es zu Spannungen und Streit kommen. Dicht bebaute Reihenhaussiedlungen sind geradezu prädestiniert für solche Konflikte. Gerichte und Anwälte können ein Lied davon singen, wie schnell aus lieben Nachbarn dauerhafte Feinde werden können. Der Gesetzgeber hat für solche Fälle einen umfangreichen Katalog an Verordnungen und Gesetzen erlassen, die allerdings für Laien schwer zu finden und noch schwerer zu verstehen sind. Zudem gibt es kein allgemeingültiges Nachbarschaftsrecht als solches. Jedes Bundesland, ja zum Teil sogar jede einzelne Gemeinde hat ihre eigenen Verordnungen. Die nachfolgenden Ausführungen sollen einen allgemeinen Rahmen aufzeigen, der die häufigsten Streitigkeiten abdeckt. Dabei handelt es sich meistens um den zulässigen Grenzabstand von Bäumen und Sträuchern, Blatt- und Blütenfall auf das Nachbargrundstück oder den Lichtentzug durch Bäume. Zu weiteren Streitpunkten wie Grillpartys, Haustiere und Komposthaufen wird im nachfolgenden Praxisteil an gegebener Stelle jeweils auf die rechtliche Situation eingegangen.

Wenn in einem kleinen Garten mehrere Gehölze gepflanzt werden, sollte man sich zuvor über die zulässigen Grenzabstände informieren.

Grenzabstände beim Pflanzen

Die Regeln über Pflanzabstände gehören zum Landesrecht. In jedem Bundesland gelten daher andere Werte und Regeln. Die nachfolgend genannten Regeln sind für alle Bundesländer von gleicher Bedeutung.

- Blumen und Stauden müssen keinen Grenzabstand einhalten, sofern sie am Ende der Vegetationsperiode oberirdisch oder ganz absterben. Ebenso sind Obst, sofern es nicht an Sträuchern oder Bäumen wächst, Gemüse und Grenzhecken, die einvernehmlich mit den Nachbarn gepflanzt wurden, nicht von den Grenzabstandsregeln betroffen. Wachsen Pflanzen hinter einer geschlossenen Einfriedung (Zaun oder Mauer) und überragen sie diese nicht, dann braucht ebenfalls kein Grenzabstand eingehalten zu werden, genauso wie bei Pflanzen, die an der Grenze zu öffentlichen Grundstücken, das sind Straßen, Gehwege, Plätze, Grünflächen oder Gewässer, stehen.
- Hecken müssen Grenzabstände einhalten, sofern sie nicht einvernehmlich mit dem Nachbarn gepflanzt wurden.
- Der Grenzabstand wird dort gemessen, wo der grenznächste Pflanzenstamm aus der Erde tritt. Äste, Zweige und Blätter dürfen an die Grenze heranwachsen. Bei Pflanzen mit einer Vielzahl von Trieben (z. B. Büschen) wird von der Mitte der Pflanze aus gemessen.
- Bei einem Verstoß gegen die Abstandsvorschriften kann eine Beseitigung oder ein Rückschnitt gefordert werden, vorausgesetzt, diese Maßnahmen

erfolgen auf der Grundlage der Baumschutzverordnung. Soll dennoch ein kapitaler Baumriese gefällt werden, muss man eine Ausnahmegenehmigung beantragen.

Übrigens: Nicht jedes Gehölz lässt sich problemlos zurückschneiden. Magnolien beispielsweise wachsen nach einem Rückschnitt nahezu immer in eine Richtung, die einem nicht gefällt. Andere Gehölze, vor allem Fichten, Tannen und andere Koniferen, verlieren ihre natürliche Wuchsform und Ausstrahlung, wenn sie zu häufig zurückgeschnitten werden. Denken Sie also schon beim Pflanzen daran, dass solche Gehölze ausreichend weit von der Grundstücksgrenze entfernt stehen.

Überhang von Ästen

Darf man vom Nachbargrundstück herüberragende Äste und Zweige eigenmächtig entfernen, wenn sie stören? Dazu sagt § 910 BGB:

„(1) Der Eigentümer eines Grundstückes kann Wurzeln eines Baumes oder eines Strauches, die von einem Nachbargrundstück eingedrungen sind, abschneiden und behalten. Das gleiche gilt für herüberhängende Zweige, wenn der Eigentümer dem Besitzer des Nachbargrundstückes eine angemessene Frist zur Beseitigung bestimmt hat und die Beseitigung nicht innerhalb der Frist erfolgt.

(2) Dem Eigentümer steht dieses Recht nicht zu, wenn die Wurzeln oder die Zweige die Benutzung des Grundstückes nicht beeinträchtigen."

Das „Selbsthilferecht" aus § 910 BGB, das einem erlaubt, störend überhängende Äste zu beseiti-

gen, wird durch die Baumschutzverordnung eingeschränkt, die eine wesentliche Veränderung des Baumes in seinem Aufbau verbietet.

Laub- und Blütenfall

Besonders bei Birken und Weiden bedeutet der Blüten- und Samenfall für manche Nachbarn eine starke Belästigung. Dachrinnen werden verstopft, Balkon und Terrasse verunreinigt und oft dringen die kleinen Samen sogar bis in die Wohnräume vor. Da beim Vorhandensein von Gärten Laub- und Samenfall „ortsüblich" ist, kann jedoch nicht auf Unterlassung geklagt werden. Auf öffentlichen Gehwegen muss der Eigentümer des Baumes das Laub entfernen, fällt das Laub jedoch auf das benachbarte Grundstück, ist der Nachbar zuständig. In Ausnahmefällen können Betroffene einen finanziellen Ausgleich für die anfallenden Arbeitsstunden zur Beseitigung der Gartenabfälle beantragen.

Übrigens: Wenn Nachbars Äpfel auch noch so verlockend und noch so weit über den Zaun hängen, sind sie dennoch so lange sein Eigentum, bis sie (von selbst!) vom Baum fallen. Erst wenn sie auf dem eigenen Grundstück liegen, darf man sie für sich selbst beanspruchen.

Lichtentzug

Wurden Grenzabstände beim Pflanzen nicht eingehalten, kann eine Beseitigung bzw. ein Rückschnitt der Gehölze verlangt werden. Da aber die Grundstücke in Reihenhaussiedlungen recht schmal sind und eng aneinandergrenzen, kann auch bei eingehaltenen Pflanzabständen ein junger Baum innerhalb weniger Jahre die gesamte nachbarliche Terrasse mühelos beschatten. Unternimmt man nicht rechtzeitig etwas gegen den Baum, tritt eine Verjährung in Kraft und man muss mit dem Schattenspender weiterleben. In den meisten Bundesländern ist dies nach fünf Jahren der Fall.

Baumschutzverordnung

In der Regel hat jede Gemeinde eine eigene Baumschutzverordnung, auch Baumschutzsatzung genannt. Der Schutz eines Baumes – selten stehen auch Sträucher und Heckenpflanzungen unter Schutz –, ist immer abhängig vom Stammumfang – meistens gemessen in einer Höhe von einem Meter. Die Verordnungen verbieten eine unkontrollierte Beschädigung oder Beseitigung der Bäume. Soll ein Baum, weil er beispielsweise krank ist oder ein Gebäude gefährdet gefällt werden, ist die Genehmigung der Gemeinde erforderlich. Meistens wird als Auflage eine Ersatzpflanzung auf Kosten des Grundstückseigentümers angeordnet. Bei einer Verletzung der Schutzbestimmungen drohen Geldbußen bis zu 50 000,– DM, in schweren Fällen sogar bis zu 100 000,– DM. Auch (vermeintliche) Unwissenheit schützt dabei nicht vor Strafe.
Um Scherereien mit Behörden aus dem Weg zu gehen, sollte man sich also bei der Gemeinde nach den geltenden Bestimmungen erkundigen, bevor man die Motorsäge anwirft. Wer glaubt, im Schutz der Dunkelheit vollendete Tatsachen schaffen zu

Links: Sollen größere Bäume gefällt werden, muss man sich bei der Gemeinde um eine Genehmigung bemühen.

Rechts unten: Kein Streit ums Eigentum bekommt man mit dem Vermieter, wenn man Pflanzen im Kübel kultiviert.

können, sei gewarnt: Aufmerksame Passanten oder Nachbarn haben schon so manchen Frevler angezeigt. Besitzer von Reihenhausgärten sollten also schon beim Pflanzen von Bäumen daran denken, dass aus einem dünnen Ahornstecken oder einer kleinen Kiefer innerhalb weniger Jahre stattliche Bäume werden können, die dann nicht mehr ohne weiteres beseitigt werden dürfen, auch wenn sie schließlich den ganzen Garten dominieren.

Eigentum von Pflanzen

Bäume und Sträucher werden mit dem Einpflanzen „wesentliche Bestandteile" des Grundstückes und können nach §§ 93, 94 BGB nicht Gegenstand besonderer Rechte sein. Das heißt, dass bei einem Verkauf des Grundstückes die Pflanzen nicht ausgegraben und mitgenommen werden dürfen. § 95 ergänzt: „Zu den Bestandteilen eines Grundstückes gehören solche

Sachen nicht, die nur zu einem vorübergehenden Zweck mit dem Grund und Boden verbunden sind." Im Einzelfall sollte man beim Kauf oder bei Vermietung eines Reihenhausgrundstückes immer das klärende Gespräch suchen. Meistens wird der Eigentümer bzw. der Käufer Verständnis haben, wenn man wertvolle Stauden oder Kleingehölze beim Auszug mitnimmt.

Betreten des Nachbargrundstückes

Ein Betreten des Nachbargrundstückes ist ohne die Einwilligung des Nachbarn grundsätzlich nicht erlaubt – auch dann nicht, wenn ein Ball über den Zaun geflogen ist. Besonders wichtig für Reihenhausbesitzer: Das sogenannte Hammerschlags- oder Leiterrecht mancher Bundesländer gestattet das Betreten des Nachbargrundstückes, wenn nur von dort aus

Reparaturarbeiten am eigenen Haus durchgeführt werden können.

Der Dorn im Auge

Und hier ein Urteil, das alle Freunde von Gartenzwergen freuen wird: Egal, ob Wäscheleine, Plastikflamingos oder ein Schrotthaufen – ein tatsächlicher oder vermeintlicher scheußlicher Anblick muss laut Bundesgerichtshof von den Nachbarn ertragen werden, und zwar auch dann, wenn dieser unästhetische Anblick dauerhaft dargeboten wird und dadurch den Wert des eigenen Grundstückes vermindert. Unterlassungs- und Beseitigungsansprüche können nicht geltend gemacht werden.

Laute Gartengeräte

Wer zur Unzeit laute Gartengeräte (Rasenmäher, Gartenhäcksler, Motorsäge etc.) betreibt, begeht eine bußgeldpflichtige Ordnungswidrigkeit. Wann die Gartengeräte betrieben werden dürfen, können die Gemeinden durch ihre Ortssatzungen bestimmen. Die sogenannte „Rasenmäherlärm-Verordnung" (BGBl I, S. 512) besagt, dass motorbetriebene Rasenmäher werktags in der Zeit von 19.00 bis 7.00 Uhr sowie an Sonn- und Feiertagen nicht benutzt werden dürfen. In vielen Gemeinden bestehen zusätzliche Sonderverordnungen. Eine entsprechende Anfrage bei der Gemeinde verschafft Ihnen Klarheit.

Gartenteiche

Teiche stellen eine Gefahr für Kleinkinder dar. Neugier lockt sie an das Gewässer, in dem sie leicht ertrinken können. Da sie noch nicht lesen können, nutzen Schilder wie „Betreten verboten" überhaupt nichts. Das Grundstück muss also gegen das Betreten – auch das unbemerkte – gesichert sein. Geschieht ein Unfall, ist sonst nämlich der Eigentümer des Teiches haftbar. Tipp: Ein engmaschiges Stahlgitter dicht unter der Wasseroberfläche kann verhindern, dass Kleinkinder ertrinken, wenn sie in den Teich fallen. Sicherer ist es in jedem Fall, Kinder nie unbeaufsichtigt am Wasser spielen zu lassen. Abschließend soll in diesem Zusammenhang noch an ein altbekanntes Sprichwort erinnert werden: „Was du nicht willst, das man dir tu, das füg' auch keinem andern zu". Mit dieser Maxime im Hinterkopf kann so mancher Streit vermieden werden, wenn man im Stadium der Planung darüber nachdenkt, welche Folgen bestimmte Entscheidungen nicht nur für den eigenen Garten, sondern auch den der Nachbarn haben. Im Zweifelsfall hilft ein klärendes Gespräch im Vorfeld, mögliche Konfliktsituationen zu vermeiden oder zu entschärfen.

Oben: Fröhliche Accessoires
wie dieser Reiher aus Holz be-
leben den Garten – wenn Sie
in Maßen eingesetzt werden.

Rechts: Schwere Pflaster-
arbeiten, zum Beispiel beim
Terrassenbau, sollte man
dem Fachmann überlassen.

Praxis Gartenanlage

**Einige Über-
legungen
vorab**

Gartenmöbel aus
Edelholz wirken
einladend und sind
sehr pflegeleicht.

Der Wunschzettel ist auf-
gestellt, die ersten Ent-
würfe für den neuen Garten
gemacht. Jetzt geht es an die
Umsetzung. Für viele frischge-
backene Reihenhausbesitzer
ist es der erste Garten überhaupt. Auch, wenn es am Anfang schwierig aussieht, sind
die meisten Arbeiten relativ
leicht zu bewältigen – wenn
man weiß, wie's gemacht wird.

Auch Laien können einen Kom-
postplatz anlegen, Teiche ausheben oder einen Zaun aus
Holz errichten. Wer körperliche
Arbeit nicht scheut, kann auch
Wege und Terrassen selbst
pflastern, einen Rosenbogen
bauen oder Sichtschutzwände
errichten. Auf den folgenden
Seiten geben wir Ihnen bewährte Tipps für die Umsetzung Ihrer Vorstellungen.

Wege und Terrassen anlegen

Es ist nicht nur im wahrsten Sinne des Wortes eine Frage des Standpunktes, mit welchen Materialien man Wege und Sitzplätze befestigt. Auch ästhetische und finanzielle Aspekte bestimmen die Art des Belages mit. Noch im Stadium der Planung sollte man sich bei der Gemeinde oder Stadt erkundigen, ob die gepflasterte Fläche eines Grundstückes mit den Kanal- und Abwassergebühren verrechnet wird. Dies wird von Gemeinde zu Gemeinde unterschiedlich gehandhabt. In manchen Gemeinden wird sogar die Anlage nicht-versiegelter Flächen, wo das Grundwasser ungehindert versickern kann, ausdrücklich gefördert. Als nicht-versiegelt gelten dabei auch mit Sand, Rindenmulch, Kies und Holzhäcksel befestigte Flächen sowie offene Rasengittersteine. Sogenanntes Ökopflaster, ein Kunststein aus dem Fachhandel, lässt Regenwasser durch eine offenporige Materialstruktur bis zu einem gewissen Grad versickern.

Eine Alternative zu versiegelten Wegen sind einzelne Trittsteine, zwischen denen breite Fugen bleiben. Man kann sie in Rasenflächen verlegen oder lässt Fugenpflanzen zwischen den Platten wachsen. Letzteres sieht besonders schön aus, wenn man Natursteinplatten mit unregelmäßigen Kanten verwendet. Als Fugenpflanzen eignen sich Mauerpfeffer-Arten, Kriechthymian oder Katzenpfötchen, aber auch andere halbwegs trittfeste, flach wachsende und Polster bildende Steingartenpflanzen.

Die Wahl des richtigen Materials

Sollen Sitzplatz oder Wege mit Pflaster befestigt werden, lohnt es sich, über den Stil des Gartens insgesamt nachzudenken, bevor man sich für einen bestimmten Belag entscheidet. Wenn eine Terrasse direkt am Haus geplant ist, Treppen vom Haus in den Garten führen oder Mauern das Grundstück terrassieren, sollte man Materialien wählen, die möglichst gut miteinander harmonieren. Es kann allerdings auch besonders reizvoll sein, wenn man durch einen geschickten Material-Mix Akzente im Garten setzt.

Bei Gartenumgestaltungen werden oft die alten Materialien mit eingeschränktem Wohlgefallen betrachtet. Waschbetonplatten, ein meist wenig reizvoller Bodenbelag, lassen sich optisch „entschärfen", wenn man sie mit Kopfsteinpflaster oder hart gebrannten Klinkersteinen kombiniert. Hübsch sehen auch ornamental verlegte Bodenbeläge aus verschiedenen Materialien aus.

Ist das Haus von außen verklinkert, können Klinkersteine bei der Pflasterung mit verwendet werden. Beton- und Kunststeinpflaster gibt es im Baustoffhandel in zahlreichen attraktiven Sorten, darunter auch solches, das schon einen „antiken" Charakter und scheinbar unregelmäßige Kanten hat. Holzpflaster eignet sich nicht in jedem Fall, da

Werden Waschbetonplatten mit Natursteinpflaster gemischt verlegt, entsteht ein lebendiges, attraktives Muster.

die Oberfläche in unserem Klima leicht rutschig wird. Man kann es allerdings für seltener benutzte, versteckte Sitzplätze oder bei Teichmotiven verwenden.

Bei Bahnschwellen sollte man darauf achten, dass sie nicht mit umweltschädlichen Produkten behandelt wurden – was leider bei benutzten, echten Bahnschwellen meistens der Fall ist. Verschwenden Sie auch einen Gedanken an die Pflege: Poröse Oberflächen müssen häufiger gereinigt werden, da sich schnell Moos und Algen darin festsetzen. In breiten Fugen sammelt sich bald Humus, aus dem Gras und Unkräuter wachsen, die man regelmäßig herauskratzen muss, wenn die Pflasterfläche sauber aussehen soll.

Wege planen

Werden Wege geplant, bekommt man einen besseren Eindruck von der optischen Wirkung, wenn man sich mit Schnüren den Verlauf erst einmal absteckt. Beachten Sie dabei, dass die Wege nicht zu stark verschlungen sind, denn erfahrungsgemäß wird dann doch immer eine Abkürzung über den Rasen gewählt, wenn das der direktere Weg zum Ziel ist. Die richtige Breite der Hauptwege, zum Beispiel von der Gartentür zum Haus oder von der Terrasse zum Kräutergarten, soll ein bequemes Befahren mit der Schubkarre oder ein Nebeneinandergehen von zwei Personen möglich machen, also etwa 130 cm breit sein. Nebenwege können als schmale Pfade angelegt werden. Hier genügt eine Breite von etwa 80 cm. Werden Einfahrten für das Auto geplant, muss eine Mindestbreite von drei Metern kalkuliert werden, damit

man auch noch bequem ein- und aussteigen kann, ohne gleich im Beet zu stehen.

Als Wegebelag eignen sich neben Steinen übrigens auch Rindenhumus, Holzhäcksel oder Kies. Bei einem organischen Bodenbelag muss man allerdings bedenken, dass das Material in der ersten Zeit ziemlich stark sackt; eine Schicht von 25 cm verdichtet sich auf etwa die halbe Stärke. Nach wenigen Jahren muss dann der gesamte Belag ausgetauscht werden. Für diesen Aufwand wird man aber mit federnd weichem Auftreten belohnt.

Richtig pflastern

Für eine stabile, dauerhafte Pflasterung muss zunächst einmal ein Unterbau geschaffen werden, damit später weder Gartenmöbel kippeln noch Senken und Hügel entstehen. Auf den verdichteten Untergrund wird zunächst eine etwa 10 cm dicke Tragschicht aus grobem Kies und Schotter aufgeschüttet und gut festgestampft. Ein schwaches Gefälle von etwa zwei Prozent, immer vom Haus weg, lässt Regenwasser abfließen. Auf diesen Unterbau kommt eine etwa 5 cm dicke Schicht Sand, in die man die Platten oder Steine verlegt.

Für einen wenig benutzten Gartenweg oder einen Weg durch einen Naturgarten, der nicht hundertprozentig eben sein muss, genügt als Unterbau auch eine etwas dickere Sandschicht ohne Kies und Schotter. Benutzen Sie beim Verlegen Handschuhe, Knieschoner, einen Gummihammer und eine Kelle. Eine Richtlatte, eine Wasserwaage und eine Schnur erleichtern die Arbeit. Ist das Pflaster verlegt, wird Sand oder Feinsplitt in die verbliebe-

nen Fugen gekehrt. Kleinere Flächen kann man mit etwas Geschick auf diese Art leicht selbst verlegen. Ganze Terrassen und größere Wege lässt man besser den Fachmann machen – das kostet zwar mehr, schont aber dafür Rückgrat und Knie.

Pflege von Pflasterflächen

Frisch gepflasterte Flächen wirken ohne jede Patina anfangs vielleicht noch etwas steril und wie ein Fremdkörper in der organischen Struktur des Gartens. Aber schon bald setzt sich Unkraut in die Fugen und Ritzen, Algen und Moose überziehen – besonders an schwach besonnten oder ganz schattigen Stellen – die Oberfläche der Steine. Bis zu einem gewissen Grad mag das reizvoll sein, bei einem romantischen Garten gehört etwas nonchalante Verwahrlosung sogar zum Konzept, aber für die Trittsicherheit und Haltbarkeit der Pflasterflächen ist eine gelegentliche gründliche Reinigung notwendig.

Gängigstes und umweltfreundlichstes Mittel ist die Säuberung mit einem Hochdruckreiniger. Diese mietbaren Geräte ersetzen die mühsame Schrubberei mit einer Bürste. Sie arbeiten mit einem starken Wasserstrahl ohne chemische Zusätze. Algen, Moose und Schmutzpartikel können mühelos entfernt werden. Kalk- und Rostflecken auf Naturstein lassen sich mit Zementschleierentferner beseitigen.

Statt der früher häufig verwendeten Salzsäure gibt es inzwischen Allzweck-Steinreiniger im Handel, die man entsprechend der Gebrauchsanweisung einsetzt. Machen Sie an einer unauffälligen Stelle eine Behandlungsprobe, denn manchmal können Farbveränderungen auftreten! Beim Einsatz chemischer Substanzen sollten Sie daran denken, dass benachbarte Pflanzen nicht nur durch direkten Kontakt mit der Reinigungssubstanz, sondern eventuell auch durch Ausdünstungen geschädigt werden könnten.

Der Kompost – das schwarze Gold des Gärtners

In keinem Garten sollte ein Komposthaufen fehlen. Das ganze Jahr über fallen Schnittgut, Unkraut und Pflanzenreste wie Falllaub und anderes an. Warum sollte man diese für den natürlichen Zyklus wertvollen Stoffe in die Hausmülltonne werfen? Kompost ist ein idealer Dünger und Bodenverbesserer. Man nennt ihn nicht ohne Grund das „schwarze Gold des Gärtners". Kompost ist nicht nur preiswert, weil er im eigenen Garten selbst hergestellt werden kann, sondern besitzt auch alle Inhaltsstoffe, die Pflanzen zum Wachsen brauchen. Kompost aktiviert das Bodenleben und garantiert Dauerfruchtbarkeit. Bakterien, Pilze und Insekten sorgen zusammen mit Regenwürmern dafür, dass die Ausgangsmaterialien – organische Abfälle – zersetzt werden. Beim Rotteprozess entsteht Wärme, die einen großen Teil der Unkrautsamen vernichtet. Was dennoch überlebt, wie z. B. die fleischigen, weißen Wurzeln der Ackerwinden, der Quecken und des Hexenkrauts, kann ebenso wie große Käferlarven oder Schnecken vor dem Ausbringen des Komposts mit der Hand ausgelesen werden. Gut verrotteter Kompost stellt Pflanzennährstoffe bereit und verbessert die Bodenstruktur deutlich. Konsequentes Arbeiten mit Kompost hat feinkrümeligen, humosen, lockeren Boden zur Folge. Wichtig dabei ist natürlich die richtige Zubereitung und Anwendung des Komposts. Während er durchgereift und feinkrümelig ideal als Aussaat- und Pflanzerde verwendet werden kann, bringt man ihn zur Bodenpflege nur im halbreifen Zustand aus. Dieses Stadium erkennt man daran, dass die Strukturen des Ausgangsmaterials noch schwach erkennbar sind. Nachdem grobe Bestandteile wie Zweige, Zapfen u. ä. herausgelesen wurden, nutzt man den Kompost entweder zum Mulchen oder recht ihn in die oberste Bodenschicht ein.

Richtig Kompostieren

Die natürliche Rotte ermöglicht nicht nur ein problemloses Beseitigen der allermeisten Gartenabfälle, sondern liefert auch wertvollen Dünger. Damit es allerdings richtig klappt, sind einige Grundregeln zu befolgen:

Rankpflanzen wie Gurke, Kürbis oder Kapuzinerkresse beschatten den Kompost auf attraktive Weise.

- Wählen Sie einen halbschattigen Ort am Rande des Grundstücks für den Komposthaufen aus. Bedenken Sie aber, dass Nachbarn sich durch eventuell entstehende Gerüche belästigt fühlen könnten.
- Fällt genügend Material an, lohnt es sich, eine Miete aufzusetzen. Kleinere Mieten sind wenig sinnvoll; ein Kompostsilo aus dem Gartenfachhandel ist hier die bessere Lösung.
- Legen Sie als erste Schicht eine etwa 20 cm dicke Lage Reisig, holzige Stängel, Baum- oder Heckenschnitt unter (kein Lebensbaum und keine Scheinzypressen!).
- Werfen Sie nur organische Abfälle auf den Komposthaufen. Dazu gehören auch Küchenabfälle, Kaffee- und Teesatz mitsamt Papierfilter, zerkleinerte Eierschalen etc.
- Mischen Sie die Pflanzenabfälle gut durch. Größere Mengen Grasschnitt oder Laub verrotten besser und schimmeln nicht, wenn sie unter andere Abfälle gemischt werden. Zerknüllte Tageszeitungen und Wellpappreste sorgen für eine bessere Durchlüftung.
- Achten Sie auf ausreichende Feuchtigkeit. Bei der Rotte entsteht Hitze, die den Komposthaufen schnell von innen her austrocknen lässt. Vermeiden Sie Staunässe.
- Je mehr krautige Bestandteile ein Komposthaufen enthält, desto besser verrottet das Material.
- Durch die Beigabe von Brennnesseln, Ringelblumen- oder Beinwellblättern kann die Rotte beschleunigt werden. Dazwischengestreuter Algenkalk verhindert ein Schimmeln der frischen Abfälle. Auch Holz-

asche – aber auf keinen Fall Brikett- oder Kohlenasche – ist willkommen.
- Material von kranken Pflanzen – beispielsweise von Mehltau oder Rostpilzen befallene Blätter und Früchte sowie von Kohlhernie betroffene Kohlstrünke – darf nicht verkompostiert werden, sondern muss entweder über die Mülltonne entsorgt oder verbrannt werden.
- Eine Schicht Erde, Laub oder Stroh bildet als Wärmedämmung den Abschluss.
- Geben Sie dem Komposthaufen acht bis zehn Monate Zeit zur Reife.
- Gelegentliches Umsetzen, etwa im Abstand von zwei bis vier Wochen, beschleunigt die Rotte.

Was nicht auf den Komposthaufen gehört

Es gibt Garten- und Küchenabfälle, die entweder schwer oder gar nicht verrotten oder nicht abbaubare Giftstoffe in den Kompost einbringen würden. Zu Letzterem zählen chemisch konservierte, gewachste Zitrusschalen; Wermut (*Artemisia*), Heckenschnitt von Lebensbaum (*Thuja*) und Scheinzypressen

(*Chamaecyparis*) verrotten nur sehr schwer und verzögern außerdem den Rotteprozess des gesamten Komposthaufens. Fleisch- und Käsereste sowie Reste von gekochten Speisen ziehen Ratten und anderes Ungeziefer an und sollten deshalb nicht auf dem Kompost landen. Quecken-, Giersch-, Hexenkraut- und Windenwurzeln werden durch die Rotte nicht unschädlich gemacht. Geraten sie beim Austeilen des Komposts wieder auf die Beete, wachsen sie munter weiter. Mit Bakterien-, Virus- oder Pilzkrankheiten befallene Pflanzenteile sollten über den Restmüll entsorgt und nicht verkompostiert werden, da die Krankheitserreger beim Rotteprozess nur unvollständig oder gar nicht zerstört werden und mit dem Ausbringen des Komposts dann im gesamten Garten Verbreitung finden. Eine Alternative ist das Verbrennen solcher befallenen Pflanzenmaterials. Die Asche kann dann verkompostiert werden.
Vermeiden Sie auch, Kunststoffschnüre mit auf den Kompost zu werfen. Sie verrotten nicht und erschweren später das Umwenden bzw. Abtragen des Komposts.

Gartenrecht

Keinem Gartenbesitzer darf es verwehrt werden, einen Komposthaufen anzulegen. Stinken darf der Kompost jedoch nicht. Richtig zusammengesetzte Kompostmieten entwickeln kaum oder keine unangenehmen Gerüche (siehe oben). Fairerweise setzt man den Komposthaufen nicht direkt neben den angrenzenden Sitzplatz oder Sandkasten der Nachbarn, da sich immer mal Gerüche und ein verstärktes Insektenaufkommen (Fruchtfliegen) ergeben können. Für Reihenhausbesitzer, die mit jedem Zentimeter Gartengrund sparsam umgehen möchten, sind Gemeinschaftskomposthaufen ideal. Sie sollten auf der Grundstücksgrenze platziert und von zwei Parteien genutzt werden.

Links: Auch in einem Reihenhausgarten ist meistens genug Platz für ein Wassermotiv.

Rechts: Seerosen sind zweifellos die Stars im Gartenteich.

Unten: In glasierten Kübeln
lassen sich stimmungsvolle
Miniaturteiche anlegen, die
auf Terrasse oder Balkon
Akzente setzen.

Kein Garten
ohne Wasser

Wasser übt eine besondere Faszination auf die Menschen aus,
ganz gleich, ob es sich um einen
Bach, einen Brunnen oder einen
Teich handelt. Seit alters her ist
Wasser auch ein Gestaltungs-
element für Gärten. Im alten
Ägypten und im Vorderen Orient
spielten Hofgärten mit von spar-
samer Bepflanzung begleiteten
Brunnen und Becken eine zen-
trale Rolle, um im heißen Klima
für Abkühlung und frische Luft zu
sorgen. Tatsächlich bewirkt die
Verdunstung eine spürbare Verbesserung des Mikroklimas. Die
Größe des zur Verfügung stehenden Raumes ist dabei unwesent-
lich. Schon ein kleiner Wand-
brunnen erfreut die Sinne
genauso wie ein Sprudelstein,
ein Miniaturteich in einem hal-
bierten Fass oder ein naturnah
bepflanzter Teich.
Für kleine Wasserfreuden auf der

Terrasse genügt ein glasierter
Topf mit einem Mindestdurch-
messer von 45 bis 60 cm und
einer Tiefe von 38 bis 45 cm.
Besonders auf Balkon und Terrasse sollte man darauf achten,
dass das Gefäß wirklich dicht
ist, um Schäden an Bausubstanz
und Bodenbelägen zu vermeiden.
Größere Gewässer können entweder als formaler Teich gemauert, aus vorgefertigten Elementen
in ein ausgehobenes Loch eingesetzt oder mit Teichfolie bzw.
einer Lehm-Tonmischung als Aus-
kleidung angelegt werden. Beton
eignet sich weniger als Abdich-
tung, da er bei Frost leicht rissig
wird. In jedem Fall sollte eine
durchdachte Planung vorausge-
gangen sein, damit das Gewässer
dauerhaft Freude bereitet. Zahlreiche praxisorientierte Bücher
und die meisten Gartenbaubetriebe helfen sowohl bei der
Planung als auch beim Bau von
Teichen, Bachläufen und
Brunnenanlagen.

Fische im Gartenteich

Wenn Fische eingesetzt werden,
ist Vorsicht geboten. Deren Stoff-
wechselprodukte sowie Futter-
reste sorgen für eine rasche
Überdüngung der Teichflora,
was zu starker Algenbildung
und einem Umkippen des Gewäs-
sers führen kann. Unterwasser-
pflanzen wie Laichkraut, Wasser-
stern, Hornblatt und Krebs-
schere helfen, das Wasser sauber
zu halten.
Größere Fischarten wie die beliebten Goldfische oder Lieb-
haberfische wie Shubunkins und
Kois sollten nur in ausreichend
große Gewässer eingesetzt wer-

Zäune selber bauen

Zäune sollen markieren, wo der öffentliche Raum aufhört und der Garten beginnt, ungebetene Besucher und Hunde vom Grundstück fernhalten und auch Blicke abschirmen. Zäune grenzen den eigenen Garten zu dem der Nachbarn ab, wo dies gewollt ist, und können zur Schaffung von „Gartenräumen" beitragen, wenn man sie nicht nur an den Grundstücksgrenzen, sondern auch zur Gliederung und Akzentuierung im Garten selbst verwendet. Bevor Sie einen Zaun setzen, sollten Sie sich bei Ihrer Gemeinde über die nachbarschaftsrechtlichen Bestimmungen informieren. Gerade für Reihenhaussiedlungen gibt es Richtlinien, wie hoch ein Zaun und wie fest die Installation sein darf. Nicht überall sind ein massiver Unterbau oder gemauerte Pfosten gestattet. Wichtig ist auch die optische Wirkung eines Zaunes. Im Eingangsbereich sind der Zaun und das Tor das Erste, was den Besucher empfängt. Deshalb ist es wichtig, dass Stil und Material des Zaunes nicht nur zweckmäßig sind, sondern auch zum Haus und dem geplanten Garten passen.

Nützliches kann schön sein

Schmale Reihenhausgärten werden durch wuchtige Zaunkonstruktionen, etwa mit Betonunterbau und massiven Pfosten, geradezu eingezwängt, deshalb sind leichte, durchbrochene Zäune aus Metall oder Holz hier passender. Zu einem Garten im bäuerlichen Stil passt ein unprätentiöser Lattenzaun besser als

---

den, da sie sonst schnell die Teichflora verwüsten. Für kleine Teiche eignen sich Moderlieschen, Stichlinge oder Bitterlinge, die auch dafür sorgen, dass die Mückenlarven nicht überhand nehmen. Sollte doch einmal eine Mückenplage drohen, hilft ein *Bacillus-thuringensis*-Präparat aus dem Fachhandel, die Plagegeister umweltschonend zu reduzieren.

Stilgerechte Bepflanzung

Die Bepflanzung größerer Gewässer richtet sich ganz nach dem Stil des übrigen Gartens. Unverzichtbar sind als optische Highlights blühende Schwimmblattpflanzen wie Seerosen, die am besten Ende Mai bis Juni gepflanzt werden. Auch Teichrosen *(Nuphar)* oder, für mittelgroße bis große Teiche, die spektakulären Lotosblumen *(Nelumbo)* setzen bunte Akzente. Andere Schwimmblattpflanzen bezaubern durch ihre attraktiven Blätter, so etwa der nicht frost-

harte Wassersalat, Wasserknöterich oder – für seichte Gewässer – der Gewöhnliche Froschbiss. Randzonenpflanzen fühlen sich im sumpfigen Erdreich am wohlsten und helfen, abrupte Übergänge zu kaschieren. Gut eignen sich viele Gräser: Kalmus, Rohrkolben, Zypern- und Wollgras sowie der sehr dekorative Gebänderte Wasserschwaden *(Glyceria maxima* var. *variegata)*. Sie können durch Sumpfschwertlilien, Fieberklee, Sumpfkalla, Sumpfdotterblume sowie Pfeil- und Hechtkraut ergänzt werden. Für feuchte, aber nicht sumpfige Böden eignen sich Funkien, Greiskräuter *(Ligularia-Arten)*, Astilben, Zierrhabarber und viele andere. Ihre Aufgabe ist es, für einen attraktiven Übergang zum übrigen Garten zu sorgen. Wie zufällig platzierte Steingruppen und einige Accessoires, etwa Amphoren oder eine dezente Skulptur bereichern das Bild zusätzlich. Und vergessen Sie nicht, eine Bank oder einen Liegestuhl am Teichrand aufzustellen, damit Sie in aller Ruhe den Anblick geniessen können!

modernes Metallrohr oder ein prosaischer Maschendrahtzaun. Um in einem Garten im Cottage-Stil oder einem naturnah gestalteten Garten die Kompostecke oder den Platz für die Mülltonnen abzuschirmen, sieht auch ein Weidengeflechtzaun hübsch aus. Er lässt sich mit wenig Aufwand sogar leicht selbst herstellen.

Sowohl Metall- als auch Holzzäune und solche aus Kunststoff gibt es als Bausätze in Baumärkten und Gartencentern in vielfältiger Auswahl. Bei den meisten Konstruktionen werden zwischen einzelne Pfosten, die fest im Boden verankert werden müssen, fertige Spalierelemente eingehängt. Soll eine bestehende Zaunkonstruktion durch eine andere ersetzt werden, kann vielleicht ein Teil der alten Konstruktion übernommen werden. Manchmal ist es preiswerter und unkomplizierter, den alten Unterbau oder intakte Pfosten einfach mit neuen Zaunelementen zu kombinieren. Metallzäune sind heutzutage meistens beschichtet und dadurch sehr dauerhaft. Zäune aus Edel- und Hartholz, z. B. Eiche, Rotzeder, Robinie oder Lärche sind dauerhafter als einfache Fichtenzäune.

Ein Schutzanstrich mit einem ungiftigen Holzschutzmittel darf auf keinen Fall fehlen. Bei farbig gestrichenen Holzzäunen ist eine Grundierung gegen Pilzbefall und Bläue sinnvoll. Vermeidet man bei Holzzäunen direkten Erdkontakt, erhöht das ihre Lebensdauer. Standfüße, Bodenhülsen oder sogenannte Pfostenschuhe aus Metall schützen Holzpfosten vor Bodenfeuchtigkeit und Spritzwasser. Es gibt inzwischen auch Zäune aus robustem Kunststoff, die traditionelle,

Links: Im Frühsommer schmückt eine Clematis die Sichtschutzwand auf besonders charmante Art.

Rechts unten: Diese sonnengelbe Markise verbreitet gute Laune im gesamten Garten.

weiß gestrichene Holzzäune wie etwa den beliebten „Friesenzaun" imitieren, nur viel pflegeleichter sind. Und noch etwas: Ein Zaun ist kein Gartenmöbel, das bei Nichtgefallen einfach im Schuppen verschwinden kann. Es ist zwar nicht die Entscheidung fürs Leben, aber einige Jahre werden Sie schon mit Ihrem Zaun zufrieden sein müssen.

Sichtschutz

Überall dort, wo viele Menschen dicht zusammenleben, wird es den Wunsch nach Abgrenzung geben. Bei modernen Reihenhäusern ist oft allein schon durch die Planung der Architekten ein Teil der Terrasse vor den Blicken der Nachbarn abgeschirmt. Um nachträglich feste Mauern aufzurichten, bedarf es einer Baugenehmigung. Sie wirken allerdings in den meisten Fällen zu massiv und verwandeln eine Terrasse oder einen Garten eher in eine Festung.

Die bessere Lösung sind Sichtschutzwände, Hecken oder begrünte Spaliere. Sie lassen sich problemlos installieren, pflanzen oder dekorieren, sind preiswert, attraktiv und diskret. Sichtschutzwände in Leichtbauweise sind im Baumarkt als Fertigbausatz erhältlich. Sie bestehen aus fest installierten Pfosten und eingehängten Sichtschutzblenden, die meistens aus Holzlamellen geflochten sind. Solche Konstruktionen halten etwa zehn Jahre, bis sie erneuert werden müssen. Sie können entweder im Rohzustand mit einer ungiftigen Holzschutzlasur gestrichen oder farbig bemalt installiert werden.

Sehr schön sehen Sichtschutzwände aus, wenn blühende Kletterpflanzen daran emporranken. Sie nehmen ihnen den „Festungscharakter" und verbessern das Mikroklima. Wählen Sie dafür schwachwüchsige Arten und Sorten wie die Schwarzäugige Susanne, Pracht- und Prunkwinden, Duftwicken oder eine Clematishybride, die nicht so groß wird.

Markisen gegen Sonnenstich

Bei Reihenhäusern wird die Terrasse von den Architekten gern an die Südwestseite gelegt. Das hat durchaus Vorzüge, denn man hat ab dem späten Vormittag bis zum Abend Sonne. Nur wird es an heißen Sommertagen manchmal auch zuviel. Die Sonne beglückt dann nicht mehr, sie brennt erbarmungslos auf Terrasse und Pflanzen nieder und heizt obendrein die an die Terrasse angrenzenden Wohnräume auf.

Eine Markise oder ein Sonnenschirm sind hier die beste Lösung, sich selbst und die Terrasse vor den Sonnenstrahlen zu schützen. Wird eine Markise fest installiert, dann sollte der Mechanismus zum Einrollen leicht zu bedienen sein und an einer frei zugänglichen Stelle installiert werden. Rollen Sie Stoffmarkisen möglichst nicht in feuchtem Zustand ein, sie schimmeln sonst schnell und bekommen dann hässliche Flecken. Sonnenschirme gibt es in vielen verschiedenen Größen und Ausführungen.

Sitzplätze gestalten

Die Terrasse am Haus wird der meist benutzte Sitzplatz sein, aber es muss nicht der einzige bleiben. Sitzplätze lassen sich auch mitten im Garten verwirklichen, beispielsweise unter Bäumen oder Strauchgruppen, wo man im Sommer Erholung im Schatten findet. Auch am Rand eines Gartenteiches ist ein Sitzplatz stets geschätzt, kann man doch von dort aus bestens das Leben am und im Teich beobachten und sinnend auf die spiegelnde Wasseroberfläche schauen.

Einige Aspekte sollten Sie beim Anlegen von Sitzplätzen immer berücksichtigen:

- Sitzplätze müssen immer groß genug für einen Tisch und mindestens drei bis vier Stühle sein. Ausnahme: Der ganz private Lieblingsplatz – er darf klein und verschwiegen sein. Rechnen Sie bei der Anlage von Sitzplätzen besser noch einen Meter Grundfläche mehr, damit Pflanzen in die Sitzfläche hineinragen können.
- Sorgen Sie für eine ebene Fläche, damit Gartenmöbel einen sicheren und festen Stand haben. Gartenmöbel sinken schnell in einen unbefestigten Untergrund ein. Pflaster, Kies oder eine dicke Schicht Rindenmulch können dies verhindern.
- Regenwasser muss ablaufen oder versickern können. Eine schwache Neigung von etwa zwei Prozent oder ein durchlässiger Untergrund gewährleisten dies.
- Denken Sie an einen Sonnenschutz in Form einer Markise, eines Sonnenschirms, eines

Links: Der ganz private, kleine Lieblingsplatz wird mit Kübel- und Topfpflanzen noch anziehender.

Rechts unten: Ein Kleingewächshaus im Garten nimmt nicht viel Platz weg, es erweitert aber die Möglichkeiten für den engagierten Hobbygärtner um ein Vielfaches.

Sonnensegels oder eines Baumes.
- Meistens ist ein Sichtschutz vorteilhaft. Zum Nachbarn oder zur Straße hin eignen sich blickdicht berankte Spaliere, Lamellenwände oder Hecken. Als optische Abgrenzung zu anderen Gartenbereichen genügen auch einige hübsche, aufrecht wachsende Kübelpflanzen, eine Rosenpergola oder ein Beet mit höherwüchsigen Stauden.
- Sitzplätze sollten nicht in Windschneisen angelegt werden. Ist es gar nicht anders möglich, braucht man einen Windschutz. Eine Hecke ist ein besserer Windbrecher als eine Mauer oder eine Wand.
- In klimatisch ungünstigen Lagen gibt ein Pavillon Schutz vor Wind und Regen. Fenster- oder Türöffnungen sollten zur Schauseite des Gartens gerichtet sein.
- Wird der Sitzplatz nur gelegent-

lich genutzt, sollten die Gartenmöbel ein geringes Gewicht haben und leicht zu transportieren sein. Alternative: Gartenmöbel aus absolut wetterfestem Material.

Gestaltungsprinzipien

Damit der Sitzplatz nicht als Fremdkörper im Garten erscheint, sollten Sie sich bei der Gestaltung nach dem vorherrschenden Stil der übrigen Anlage richten. In kleine, verwunschene Ecken passen keine klobigen, grellfarbigen Gartenmöbel und in streng formale, sauber gepflegte Anlagen keine billigen Klappstühle.
Dekorative Accessoires und Pflanzen, die besondere Qualitäten aufweisen (Duft, Blütenfarben oder Blatttexturen) und zum näheren Hinsehen reizen, bereichern das Umfeld. Denkbar sind z. B. Duftpelargonien oder wohlriechende Kräuter in hübschen Töpfen, Kübel mit

Zitrusgewächsen oder, für schattige Bereiche, aparte Pflanzgefäße mit verschiedenen Funkien oder Buchsbaum in Formschnitt.

Lauben, Pergolen und Pavillons

Sitzplätze kann man im Freien anlegen, schöner sind sie aber, wenn sie überdacht werden. Als Schutz vor Sonne, Wind und Regen, aber auch einfach als optische Bereicherung dienen Pergolen, Lauben oder Pavillons. Das bevorzugte Material ist Holz in allen Variationen. Es lässt sich einfach verarbeiten und passt in jeden Garten.
Wichtig ist ein wetterfester Anstrich der Holzkonstruktionen mit ungiftigen Holzschutzmitteln. Besonders bei Pergolen staut sich unter dem dichten Blätterdach einer Kletterpflanze die Feuchtigkeit längere Zeit.

Langlebiger, aber auch aufwändiger sind Konstruktionen aus Metall. Als Trage- oder Unterkonstruktion für Kletterpflanzen sind sie eher unauffällig, wenn die Kletterkünstler sie erst einmal erobert haben. Stein ist ein Material für die Ewigkeit, wirkt schon auf den ersten Blick grundsolide und eignet sich vor allem für größere Konstruktionen.

Hübsch sieht auch eine Laube aus Weidengeflecht aus, die man leicht selbst konstruieren kann. Stecken Sie dafür frische oder getrocknete Weidenstecken in die Erde und flechten Sie mit weichen Ruten die Wände ein. Frische Weidenstecken schlagen schnell Wurzeln und treiben wieder aus – auf diese Weise begrünt sich die Laube von selbst. Kleine Pavillons aus Holz oder Metall findet man heutzutage in Baumärkten und Gartencentern, aber auch über den Fachhandel. Sie werden meistens als Bausatz geliefert und sollten auf eine feste, ebene Grundfläche gestellt werden. Beachten Sie die gesetzlich vorgeschriebenen Abstände zum Nachbargrundstück und, bei Pavillons aus Stein, die örtlichen Bauvorschriften.

Frühbeet und Kleingewächshaus

Vielleicht kennt man ihn noch aus Großvaters Garten: Den guten alten Mistbeetkasten. Als Früh- oder Warmbeet hält er wieder Einzug in die Gärten. Solch ein mit Glasscheiben überdachtes Frühbeet dient zur Vorkultur von Gemüse- und Zierpflanzen, die bereits in der zweiten Februarhälfte dort aus-

gesät und ab Mitte April ins Freiland gepflanzt werden können. Im Sommer werden die Glasscheiben einfach abgenommen, sodass man das Frühbeet als ganz normales Beet nutzen kann. Im Spätherbst hat man die Möglichkeit, Wurzelgemüse (Karotten, Sellerie) und Kohl im mit Sand gefüllten Frühbeet einzulagern.

Die erweiterte Luxusversion ist das Kleingewächshaus, das zusätzlich mit einer Heizung und vielleicht sogar einer automatischen Lüftung versehen werden kann. Im Kleingewächshaus können im Sommer Tomaten, Gurken und andere wärmeliebende Gewächse gezogen werden, im Winter finden die Kübelpflanzen dort einen Unterschlupf vor dem Frost. Wiederentdeckt wird in letzter Zeit die Methode, Gewächshäuser zur Hälfte in die Erde zu versenken. Das spart Heizkosten und macht es möglich, die „technisch" und kühl wirkende Gewächshausarchitektur unauffällig im Garten zu integrieren. Ein Frühbeet kann man leicht selber bauen (siehe das Kapitel „Detaillösungen"). Kleingewächshäuser kauft man besser als Bausatz oder aufstellfertig im Fachhandel. Für den Bau eines Erdgewächshauses sollte man sich Fachliteratur besorgen (siehe Anhang). Der Standort für solche Konstruktionen zum Frühstart in die Gartensaison sollte vor allem im ersten Drittel des Jahres ausreichend besonnt sein.

Wer handwerklich nicht so begabt ist oder sich die Arbeit der Frühbeetkonstruktion sparen möchte, findet im Handel viele Modelle, meist mit leichten Kunststofffenstern, zur Auswahl. Eine mobile Alternative zum

Frühbeet sind Folientunnel, die jedoch ohne die „Wärmepackung" auskommen müssen und daher erst später mit Aussaatschalen und Jungpflanzen bestückt werden können.

Grillvergnügen für alle

Obwohl heutzutage andere Methoden bekannt und gebräuchlich sind, rohe Nahrung genießbar zu machen, scheint es ein Urtrieb des Menschen zu sein, Fleisch, Fisch und andere Beutestücke aus dem Supermarkt auf offenem Feuer zu garen. Zusammen mit Freunden in gemütlicher Runde kann es durchaus eine heitere, angenehme Abendbeschäftigung sein. Grillvergnügen für alle schließt natürlich das Vergnügen der Nachbarn mit ein. Leider gibt es wegen des Grillens oft Streit, besonders wenn Reihenhausgärten nahe aneinander grenzen. Selbst in dicht bebauten Wohngegenden

Des einen Freud, des anderen Leid: Das Grillen mit Holzkohle hat schon so manchen Nachbarschaftsstreit hervorgerufen. Sicherer und geruchloser sind Gas- und Elektrogrills, die man sogar auf dem Balkon benutzen kann.

oder auf dem Balkon ist Grillen jedoch nicht grundsätzlich verboten. Es hängt immer davon ab, wie stark die Belästigung durch Rauch und Gerüche ist. Wenn Sie den Gartengrill anwerfen möchten, dann vergewissern Sie sich, dass niemand in der Nachbarschaft dadurch gestört wird. Ideal für die Anlage einer Grillecke, vielleicht sogar eines gemauerten Grills ist eine windgeschützte Stelle des Grundstückes. Holzlamellenwände oder eine Einfassung mit Sträuchern können bei der Schaffung windgeschützter Zonen helfen. Praktisch, gesünder und wesentlich geruchsärmer als Holzkohlegrills sind übrigens Elektro- oder Gasgrills. Wer dennoch mit Holzkohle grillt, sollte folgende Regeln beachten:

- Stellen Sie den Grill windgeschützt auf, um Funkenflug zu vermeiden.
- Verwenden Sie nur speziell dafür vorgesehene Grillanzünder, jedoch keinesfalls Spiritus oder ähnliches – es besteht sonst Explosionsgefahr.
- Holzkohle braucht mindestens eine halbe Stunde, bis sie die richtige Grilltemperatur erreicht hat. Legen Sie das Grillgut erst dann auf den Rost, wenn sich auf der Holzkohle

ein weiß-grauer Ascheüberzug gebildet hat.
- Verwenden Sie Grillschalen, damit kein Fett in die Glut tropft. Dies hilft, Gerüche zu vermeiden und ist obendrein gesünder.
- Halten Sie für den Fall eines Falles Löschmittel (Auto-Feuerlöscher, wenigstens aber einen Eimer voll Wasser) bereit.
- Achten Sie auf mögliche Gefahrenquellen (Sicherheitsabstand zu brennbarer Dekoration, Kerzen, Holzgegenständen etc.) und lassen Sie Kinder nie unbeaufsichtigt mit dem Grill allein.

Tiere im Garten

Zu Hund und Katze im Garten wurde weiter oben schon Grundsätzliches gesagt. Mancher mag sich aber nicht mit einem einzigen Tier oder einem üblichen Haustier wie Hund oder Katze begnügen. Es ist nicht immer ganz einfach, die Grenze zwischen angemessener Tierliebe und dem Schritt hin zum Privatzoo zu ziehen.

Dennoch sollte es jedem vernünftigen Zeitgenossen klar sein, dass in einem Reihenhausgarten keine Ziegen, Pferde oder Schweine

gehalten werden können. Auch Geflügel, das durch Krähen am frühen Morgen unangenehm auffällt, gehört nicht in dicht besiedelte Wohngebiete. Hobbyimker sollten darauf verzichten, Bienenkörbe in ihrem Reihenhausgarten aufzustellen, denn die ansonsten sehr nützlichen Insekten können die Nachbarn besonders zur Zeit des Schwärmens erheblich belästigen und gefährden. Grundsätzlich müssen alle Haustiere so gehalten werden, dass keine unnötigen Störungen durch Lärm oder Gerüche für die Allgemeinheit oder die Nachbarschaft entstehen. Dabei gibt es natürlich Einschränkungen, denn wie soll man eine nächtens stromernde Katze davon zurückhalten, das nachbarliche Grundstück zu betreten? In so dicht besiedelten Wohngebieten wie Reihenhausanlagen ist es weder sozial vertretbar noch tiergerecht, wenn einzelne Parteien mehr als zwei Katzen halten. Die Tiere benötigen nicht nur Auslauf, sondern auch ein Revier. Wird dies durch Konkurrenten zu stark eingeschränkt, braucht man sich nicht zu wundern, wenn es allnächtlich zu Revierkämpfen und verwüsteten Beeten kommt.

Wem Nachbars Katzen auf dem Grundstück generell ein Dorn im Auge sind, der darf sie nur unter Beachtung des Tierschutzgesetzes vom eigenen Grundstück vertreiben. Vergrämungsmittel, das an beliebten Katzenpfaden oder an der Grundstücksgrenze ausgebracht wird, hält sie vom Grundstück fern. Ein Tipp: Gern verrichten Katzen ihr Geschäft in frisch gehackte Beete mit feinkrümeliger Erde. Das kann man verhindern, indem man die Erde nach der Bodenbearbeitung nass macht oder mit einem Netz bzw. in 5 bis 10 cm Höhe kreuz und quer darübergespannten Schnüren abdeckt.

Für stromernde Hunde, besonders aber für diejenigen, die bevorzugt in Einfahrten, vor Treppen oder an Hausecken ihr „Geschäft" erledigen, gibt es ebenfalls ein Vergrämungsmittel, was recht wirksam dafür sorgt, dass sich Fifi ein anderes Plätzchen zum Kotablegen sucht. Gewissenhafte Halter sollten ohnehin ein Auge auf ihren Vierbeiner haben und im Falle eines Falles die unappetitlichen Hinterlassenschaften umgehend beseitigen.

Hundegebell und Froschgequake

Ein anderes leidiges Thema ist der Lärm, den manche Tiere verursachen. Andauerndes Hunde-

Frösche sind eine oft willkommene Bereicherung des Gartenteiches, können den Nachbarn mit ihrem Gequake aber auch den letzten Nerv rauben.

Gartenrecht

Für die Haltung aller Tiere gilt die Bestimmung in § 2 des Tierschutzgesetzes vom 18.8.1986 in der Fassung vom 24.7.1996:

„Wer ein Tier hält, betreut oder zu betreuen hat,
1. muss das Tier seiner Art und seinen Bedürfnissen entsprechend angemessen ernähren, pflegen und verhaltensgerecht unterbringen,
2. darf die Möglichkeit des Tieres zu artgemäßer Bewegung nicht so einschränken, dass ihm Schmerzen oder vermeidbare Leiden oder Schäden zugefügt werden."
Generell ist bei der Haltung jedes Tieres darauf zu achten, dass die Nachbarschaft dadurch nicht gestört wird. Dies bezieht sich – je nach Bundesland – auf die ungestörte Nachtruhe, auf Belästigungen und auf die Gesundheitsgefährdung durch im oder am Haus gehaltene Tiere.

Daraus ergibt sich, dass nicht nur der Halter, sondern auch die Nachbarn Rechte haben und auch die Ansprüche des Tieres überdacht werden müssen, bevor man sich zur Haltung eines solchen entscheidet. Wer also weder dem Tier die nötigen Lebensbedingungen bieten noch die Nachbarn vor Belästigungen schützen kann, sollte auf die Haltung der betreffenden Tierart verzichten.

gekläffe hat schon so manchen nachbarschaftlichen Krieg heraufbeschworen. Übermäßiges Bellen wird als Lärmbelästigung nach der Lärmschutzverordnung geahndet. Gleiches gilt für das Krähen von Hähnen, sofern es sich nicht um ein vorwiegend landwirtschaftlich geprägtes Dorf handelt, sondern um ein städtisches Wohngebiet. Ebenfalls unter Lärmbelästigung fallen Lautäußerungen anderer Tierarten. Häufig zitiert wird das Beispiel eines Gartenteichbesitzers, der sich über die Zuwanderung von Fröschen gefreut hat. Da Frösche zu den geschützten Tieren gehören, dürfen sie nicht gefangen werden, um sie künstlich in einem Gartenteich anzusiedeln. Wandern sie jedoch von selbst zu, müssen sie bis zu einem gewissen Grad der Lärmbelästigung geduldet werden. Das nächtliche Gequake der sich eifrig vermehrenden Amphibien störte die Nachbarn derart, dass Sie sich gerichtlich zur Wehr setzten. Dazu entschied das Gericht, dass das nächtliche Gequake der Frösche nicht rechtswidrig sei, in Extremfällen aber eine Umsiedlung der Frösche und ein Zuschütten des Teiches verlangt werden kann.

Generell gilt sowohl für Liebhaber von Fröschen wie auch für den Bienen- oder Katzenfreund: Gegenseitige Rücksichtnahme vermeidet Ärger in der Nachbarschaft und sorgt dafür, dass jeder Haustiere – ganz gleich, ob es sich um Frösche, Kaninchen oder Hunde handelt – als echte Bereicherung des Lebensumfeldes und nicht als Störenfriede empfindet.

Wildtiere ansiedeln

Das Anlocken und Beobachten von heimischen Wildtieren kann zu einer faszinierenden Beschäftigung für die ganze Familie werden. Man braucht nicht unbedingt einen Gartenteich, um Wildtiere anzulocken, obwohl Wasser nicht nur auf Menschen, sondern eben gerade auch auf Wildtiere eine besondere Faszination ausübt. Amphibien wie Frösche, Kröten, Molche und Salamander nutzen das Gewässer als Lebensraum und zur Fortpflanzung.

Ideal ist es, wenn neben dem Teich auch ein naturnah angelegter Garten zur Verfügung steht. Erdkröten suchen beispielsweise gern in bodennahen Spalten zwischen Trockenmauern Schutz und Libellen beobachten ihr Revier bevorzugt von ufernahen, höher aufragenden Pflanzen wie Sumpfschwertlilien, Kalmus oder Rohrkolben. Wer besonderes Glück hat, kann durch das Aufschichten einer Trockenmauer vielleicht Eidechsen oder den selten gewordenen Feuersalamander anlocken.

Durch geschickte Arten- und Sortenwahl bei der Bepflanzung des Gartens kann man gute Voraussetzungen für viele Besucher schaffen: Heimische Gehölze bieten Nahrung, Unterschlupf und Nistmöglichkeiten für viele Vögel. Statt einer Winterfütterung am Vogelhäuschen sollte man Samen tragende Stauden im Herbst möglichst lange auf den Beeten stehen lassen, damit sich die Vögel daran bedienen können.

Die Beeren von Schlehen, Ebereschen, Sanddorn, Schneeball, Stechpalme, Weißdorn und vielen anderen Gehölzen sind wichtige Nahrungsquellen für Vögel und kleine Säugetiere. Darüber hinaus besitzen sie auch einen hohen Schmuckwert im spätherbstlichen Garten. Das Falllaub sollte nicht restlos von den Beeten geharkt werden. Im Unterschied zum Rasen, wo liegen gebliebenes Laub zu Fäulnis führt, schützt Falllaub auf den Beeten die überwinternden Stauden und sorgt für ein reiches Bodenleben. Reisighaufen, mit einer Schicht Falllaub abgedeckt, bieten im Winter Unterschlupf für Igel, Zaunkönig und Kleinsäuger.

Man kann aber auch ohne „wilde Ecken" im Garten etwas für die Artenvielfalt tun. Bei der Auswahl von Beetstauden und Sommerblumen gibt es Arten, die nicht

Rechts oben: Leuchtende Farbkontraste ergeben sich aus der Kombination von Trompetenwinde und Nachtschatten (Solanum rantonnetii).

Links: Viele einjährige Sommerblumen sehen nicht nur hübsch aus, sondern bieten auch Bienen, Schmetterlingen und anderen Insekten reichlich Nahrung.

nur sehr dekorativ, sondern auch ökologisch besonders wertvoll sind, obwohl sie vielleicht ursprünglich nicht in Westeuropa heimisch waren. Pflanzen mit ungefüllten Blüten, besonders die lange blühenden Sorten, ziehen Insekten an. Echte Bienenweidepflanzen sind z. B. Primeln, Schafgarben (auch Zuchtsorten), Malven, Anemonen, Steinkraut, Duftsteinrich, Gänsekresse und andere Polsterstauden, Salbei (auch Zuchtsorten), Sonnenbraut, Nachtkerzen und im Herbst die herrlichen Astern sowie die Hohe Fetthenne *(Sedum telephium)*. Der Sommerflieder *(Buddleia davidii)* wird auch Schmetterlingsbaum genannt, weil er zur Blütezeit wirklich unzählige bunte Falter anzieht. Sehr zeitig im Frühjahr bieten die ersten Zwiebelblüher Krokus, Schneeglöckchen und Narzissen sowie frühblühende Gehölze wie Winterjasmin, Schneeball, Forsythie und Zierquitte Nahrung für Bienen und andere Insekten.

Kletterpflanzen: Pro und Kontra

Selbst dem schönsten Garten fehlt etwas, wenn sich die Bepflanzung nur auf die Horizontale beschränkt. In Anbetracht des begrenzten Raumes in einem Reihenhausgarten macht das Pflanzen hoch wachsender Bäume wenig Sinn, denn in absehbarer Zeit rauben sie dem Garten Licht und Nährstoffe. Übrig bleibt dann meist nur ein wenig Restgrün unter einem imposanten Baum, wo außer Moosen und ganz ausdauernden Überlebenskünstlern wenig wächst.

Sinnvoller ist es, Kletterpflanzen zu setzen. Sie können sowohl an einem Spalier oder einer Pergola als auch direkt an der Hauswand emporklettern. Blühende Kletterpflanzen wie Waldrebe *(Clematis)*, Trompetenblume *(Campsis radicans)*, Blauregen *(Wisteria)* oder auch

Kletterrosen erfeuen mit ihren herrlichen Blüten. Als Alternative zu diesen sehr wüchsigen winterharten Arten bieten sich einjährige, blühende Kletterpflanzen wie Glockenrebe, Trichterwinde oder Schwarzäugige Susanne an. Nicht zuletzt lassen sich mit Kletterpflanzen Sichtschutzwände dekorativ begrünen. Dadurch entstehen innerhalb kürzester Zeit grüne Lauben, verträumte Nischen und blühende Trennwände zum Nachbargrundstück.

Fassadenbegrünung

Mit einem schützenden Blätterkleid decken Wilder Wein, Efeu, Schlingknöterich und andere ausdauernde, zum Teil sogar wintergrüne Pflanzen die Hausfassade ab. Sie sorgen nicht nur für einen schönen Anblick, sondern stellen auch eine ökologische Bereicherung dar. In dicht besiedelten Wohngebieten sorgen sie dafür, dass ein ausgeglichenes Mikroklima entsteht. Sie setzen die Windgeschwindigkeit und den Hall von Geräuschen herab und filtern Staub und Aerosole aus der Luft. Kletterpflanzen bieten Tieren wie z. B. Vögeln und Nachtfaltern Unterschlupf und erhöhen den Artenreichtum im Garten.

Unbegründete Vorurteile

Obwohl sich Kletterpflanzen immer größerer Beliebtheit erfreuen, gibt es dennoch eine Reihe von Vorurteilen, die immer wieder ungeachtet ihrer Irrelevanz gern zitiert werden. Eine landläufige Meinung ist, dass Kletterpflanzen die Fassade angreifen oder gar zerstören könnten. Wenn die Fassade intakt ist,

Rechts: Jungfernrebe schmückt dieses Reihenhaus mit einem grünen Kleid.

Unten: Viele Kletterpflanzen erobern schnell die Fassade. Eine Berg-Waldrebe *(Clematis montana)* lässt sich gut lenken und kann z. B. Balkongeländer oder Regenfallrohre schmücken.

d. h. das Mauerwerk keine Risse und Spalten aufweist, kann kein Schaden entstehen, denn die Haftwurzeln der selbstklimmenden Arten dienen nur zum Festhalten, nicht aber zur Wasser- und Nährstoffaufnahme. Die selbstklimmenden Arten Jungfernrebe *(Parthenocissus tricuspidata)* und Efeu *(Hedera helix)* stellen etwa 70 bis 90 Prozent der Fassadenbegrünung in Städten. Mit ihren Befestigungsorganen (Saugscheiben, Haftwurzeln und Klimmhaaren) nutzen sie natürliche Vertiefungen und Risse in der Fassade. Lagert sich in den Vertiefungen Humus ab, kann es zu einer Bewurzelung kommen. Will man dies ausschließen, sollte man vor dem Setzen der Pflanzen die

Wand gründlich inspizieren. Eine intakte Putzschicht, wie sie bei Neubauten eigentlich üblich ist, schließt Schäden durch Bewurzelung aus. Kletterpflanzen halten auch keine Feuchtigkeit in der Mauer, wie oft befürchtet wird. Nur in Gegenden wie Meeresküsten oder schattigen Flussniederungen, die ohnehin ständig feucht sind, kann durch den dichten Blättermantel die Feuchtigkeit nicht abziehen. Ansonsten schützt eine Fassadenbegrünung sogar vor feuchten Mauern, da die Wurzeln der Pflanzen reichlich Wasser aus dem mauernahen Bodenbereich ziehen und es verdunsten. Regen wird durch die Blätter abgeleitet, bevor er die Mauer erreicht. Spaltöffnungen in den Blättern nehmen außerdem zusätzlich Feuchtigkeit auf. Manch einer hat auch Angst vor Ungeziefer, das durch die begrünte Fassade angezogen werden könnte. In der Tat leben viele kleine Tiere in der grünen Haut des Hauses. Sie fühlen sich aber in jedem Fall draußen vor dem Fenster wohler als in der Wohnung. Als Teil eines ökologischen Kreislaufs vertilgen beispielsweise Spinnen viele Mücken und Fliegen, werden selbst aber wiederum von Vögeln verspeist. Nehmen Insekten einmal überhand, zum Beispiel wenn blühen-

der Efeu zahlreiche Bienen und Wespen anlockt, dann hilft ein einfacher Fliegendrahteinsatz aus dem Supermarkt, den man vorübergehend in die Fenster spannt. Da Efeu aber erst im hohen Alter blüht, dürfte das selten ein Problem sein. Vorsicht ist allein bei losen Dachziegeln und bei Dachrinnen geboten.

Kletterpflanzen für Pergolen und Rankspaliere

Es gibt unzählige Möglichkeiten, mit Kletterpflanzen attraktive Gartenbilder zu gestalten. Ein langer, schmaler Reihenhausgarten lässt sich mit einer rosenüberwachsenen Pergola oder einem Rankspalier mit einjährigen Kletterpflanzen bereichern, wodurch separate Gartenräume entstehen. Als Rankhilfe eignen sich verzinkte Drähte, vorgefertigte Gitter oder kunststoffummantelte Spaliere aus Metall sowie aus Holz gefertigte Spaliere. Rohes Holz muss mit einem ungiftigen Holzschutzmittel imprägniert werden, um Fäulnis zu verhindern. Ein bunter Farbanstrich kann zusätzliche Akzente setzen. Holzgeflechtzäune als Sichtschutz zum Nachbarn gewinnen ebenfalls durch den Bewuchs mit Kletterpflanzen. Selbst in Kübeln auf der Terrasse fühlen sich die meisten Senkrechtstarter wohl. Besonders raffiniert sind mobile Pflanzkästen auf Rollen, an denen ein aufrechtes Rankgitter befestigt ist. Man kann sie je nach Bedarf umstellen, wenn man sich Schatten oder einen Sichtschutz verschaffen möchte. Für Pergolen eignen sich vor allem Kletterrosen, die man auch sehr schön mit Waldreben *(Clematis)* zusammen wachsen lassen kann. Voraussetzung ist ein sonniger Standort, damit die Pflanzen nicht von Pilzen heimgesucht werden und reichlich blühen. Für halbschattige Bereiche sind die verschiedenen Geißblatt-Arten *(Lonicera)* gut geeignet. Achten Sie beim Kauf auf eine duftende Art, z.B. *Lonicera* x *heckrottii* oder *L. caprifolium*! Blauregen, auch Glyzine genannt, sollte man nur für große Spaliere oder Pergolen wählen, da sie schnell sehr ausladend werden, sofern man sie nicht ständig mit der Schere im Zaum hält. Viele weitere interessante Arten zum Beranken von Hauswänden, Sichtschutzwänden, Spalieren

und Pergolen finden Sie übrigens im Porträtteil dieses Buches.

Kletterpflanzen für Naschkatzen

Wer das Angenehme mit dem Nützlichen verbinden möchte, setzt Kiwi, Weinrebe oder Feuerbohne an eine Rankhilfe. Kürbisgewächse – dazu gehören übrigens auch Gurken – eignen sich ebenfalls bestens. Bei Brombeeren sollte man aus Sicherheitsgründen auf dornenlose Sorten zurückgreifen. Beliebte Sorten sind z.B. 'Thornless Evergreen' (auch unter dem Namen 'Blacki' bekannt), 'Loch Ness' und 'Jumbo'. Nah verwandt ist die Loganbeere *(Rubus* x *loganobaccus)*, die bis zu vier Meter lange Triebe bekommt. Sie müssen, wie die der stachellosen Brombeeren, aufgebunden werden. Kapuzinerkresse, bekannt als dekorative Schmuckpflanze, ist übrigens auch essbar. Die aparten gelborangenen Blüten verzieren Salate und kalte Platten, die unreifen Früchte kann man wie Kapern einlegen und die jun-

gen Blätter, in kleinen Mengen unter Blattsalate gemischt, haben einen interessanten scharfen Geschmack. Wer in einer Gegend mit mildem Weinbauklima lebt, kann mit viel Glück auch die Früchte der Blauen Passionsblume *(Passiflora caerulea)* ernten. Die Pflanze ist zwar mehrjährig, aber nur in sehr milden Gegenden winterhart. Pflanzt man sie in Kübel oder Kästen, kann man sie frostfrei überwintern.

Gartenrecht

Für Freunde des Fassadengrüns hält der Gesetzgeber eine ganze Reihe verschiedener Bestimmungen bereit. Nachbarschaftsrecht und Bauordnungen sind je nach Bundesland verschieden geregelt. Grundsätzlich gilt: Bei Schlingern, die auf Gerüste angewiesen sind, müssen zu deren Befestigung Löcher in die Wand gebohrt werden. Soll dies an einer Wand des Nachbarhauses geschehen, muss man die Erlaubnis des betreffenden Nachbarn einholen. Auch bei Selbstklimmern wie Efeu, Jungfernrebe und Kletterhortensie muss in jedem Fall des Nachbars Segen eingeholt werden. Wer sich gegen spätere Streitigkeiten absichern möchte, tut dies am besten schriftlich. Wird die Kletterpflanze auf öffentlichem Grund eingepflanzt, muss bei der Gemeinde um Erlaubnis gefragt werden. Widerrechtlich, d.h. ohne Genehmigung des Hauseigentümers gepflanzte Klettergewächse müssen auf Verlangen entfernt werden. Falls die Bausubstanz geschädigt wird, besteht ein Schadensersatzanspruch. Pflege und Beseitigung von Falllaub sind Sache desjenigen, der die Kletterpflanze gesetzt hat.

Sehr schön sieht es aus, wenn Kletterrosen mit zur gleichen Zeit blühenden Waldreben *(Clematis)* kombiniert werden.

Links: Ein gut geplanter Garten ist das ganze Jahr über attraktiv.

Rechts: An geschützten sonnigen Lagen gedeiht der Feigenbaum auch in unseren Breiten.

Das 1 x 1 des Gärtnerns

Geplantes richtig umsetzen – von Anfang an.

Auch dem Nachwuchs macht das Gärtnern Spaß, wenn es spielerisch vermittelt wird.

Gartenpflege ist weniger schwierig, als gedacht und mit der Arbeit wächst der Schatz an Erfahrungen ganz von selbst. Auf den folgenden Seiten erfahren Sie alles, was Sie zum erfolgreichen Gärtnern wissen müssen: Angefangen bei der Auswahl und dem Kauf der Gewächse, das richtige Pflanzen und die anschließende Pflege bis hin zu Gehölzschnitt und Pflanzenschutz mit selbstgebrauten Kräuterbrühen und dem Einsatz von Nützlingen. Man braucht nicht unbedingt den sprichwörtlichen „Grünen Daumen", damit es gelingt. Wer sich nicht gleich an kapriziösen Liebhaberpflanzen versucht, erfährt durch das praktische Tun, dass auch Anfänger schöne Erfolge haben.

Die richtige Bepflanzung

Wenn die grundsätzlichen Voraussetzungen wie Geländemodellierung, Wegeplanung und Bodenvorbereitung geschaffen wurden und es daran geht, den Garten mit Pflanzen zu bestücken, ist guter Rat teuer. Wo findet man die richtigen Pflanzen und woran erkennt man, ob sie gesund sind? Wann und vor allem wie pflanzt man sie am besten? Welche Pflege brauchen sie und was wird im Winter aus ihnen? Fragen über Fragen, die manchen Anfänger leicht entmutigen können. Aber es ist eigentlich nur halb so schwer. Wir möchten Ihnen mit den folgenden praxisorientierten Hinweisen helfen, Fehlentscheidungen und Misserfolge zu vermeiden und stattdessen auf Anhieb zu einem wunderschön bepflanzten und gepflegten Garten zu kommen.

Auswahl und Kauf

Was kauft man wo? Gewiss gibt es Geschäfte, z. B. Gartencenter, die alles, vom Stiefmütterchen über Ziergehölze bis hin zur kompletten Gartenhütte anbieten. Auch über den Versandhandel kann man eine große Auswahl an Samen, Stauden und sogar Gehölzen beziehen. Neben dem Vorteil, von zu Hause aus bequem aus dem Katalog bestellen zu können hat der Einkauf per Post oder Internet allerdings den Nachteil, dass Sie die einzelnen Exemplare nicht auf ihre Qualität prüfen können. Zudem leiden die lebenden Pflanzen meistens beim Postversand. Wirklich gute, gesunde Pflanzen finden Sie auf jeden Fall in Gärtnereien und Baumschulen, wo man Sie außerdem gern zur Pflege berät.

Alle krautigen Gewächse, egal ob es sich um Einjährige oder Stauden handelt, finden Sie in Gärtnereien. Spezielle Staudengärtnereien haben oft ein großes Sortiment mehrjähriger Blütenpflanzen und viele besondere Liebhabergewächse. Die meisten werden im Kunststoffcontainer angeboten und können daher fast das ganze Jahr über erworben und gepflanzt werden. Optimale Pflanzzeiten sind allerdings das Frühjahr und der Herbst. Gehölze – dazu zählen auch Rosen, die meisten Kletterpflanzen und Beerensträucher – finden Sie in Baumschulen. Auch hier wird die Ware bis auf größere Exemplare fast immer in Pflanzcontainern angeboten. Besonders Gehölze sollte man nur im Frühjahr und Herbst pflanzen, da sie den Umpflanzschock dann besser verkraften.

Blumenzwiebeln und Sämereien für Einjährige, allerlei Gemüse-

Mut zu ungewöhnlichen Kombinationen wird meistens mit überraschend aparten Ensembles belohnt. Hier leuchten zwei Sorten Sonnenbraut (*Helenium*-Hybriden) vor dem hoch aufragenden Wasserdost (*Eupatorium cannabinum*).

arten und Kräuter finden Sie in Samenhandlungen, Gartencentern, bei Raiffeisenmärkten und oft auch im Supermarkt an der Ecke. Da es sich in der Regel um zertifiziertes Saatgut bzw. Qualitätsblumenzwiebeln handelt, geht man kein Risiko beim Kauf ein, vorausgesetzt man achtet auf das Verfallsdatum. Blumenzwiebeln sollten kompakt, nicht beschädigt, schimmelig, matschig oder schrumpelig sein. Nur gesunde, große Zwiebeln bringen auch schöne Blüten hervor. Tipp: Versuchen Sie sich nicht gleich an kapriziösen Arten, sondern beginnen Sie mit Robusterem und leicht zu Kultivierendem.

Nur aus gesunden, großen Zwiebeln sprießen auch so prächtige Blüten wie diese Triumph-Tulpe.

Woran erkenne ich gesunde Pflanzen?

Gesunde Pflanzen haben frisches Laub ohne Flecken, Schädlings- oder Pilzbefall oder Fraßstellen, das fest am Stängel sitzt. An der Pflanzenbasis sollten zahlreiche gesunde Triebe herausstehen, die erkennen lassen, dass sich die Pflanze weiter entwickelt. Bei Blütenpflanzen kommt es nicht nur auf die Anzahl geöffneter Blüten, sondern auch den Vorrat an Knospen an. Die Pflanze muss fest in der Erde verwurzelt sein, der Pflanzcontainer eine ausreichende Größe haben und die Erde darf nicht ausgedörrt sein. Prüfen Sie bei Containerware den Wurzelballen: Ein dichter Ballen, aber noch ausreichend viel Erde zeugen von einer guten Aufzucht. Junge Wurzelspitzen sind hell und weich. Verfilztes, abgefaultes Wurzelwerk verweist auf eine traurige Kinderstube. Gemäß den Hauptpflanzzeiten findet man bei Gärtnereien, Baumschulen und anderen Händlern im Frühjahr und im Herbst das größte Angebot und die beste Auswahl an Pflanzen vor. Außerhalb der Saison muss man oft Kompromisse bezüglich der Sorten und der Qualität eingehen.

Das richtige Pflanzen

Bereiten Sie das Beet vor dem Bepflanzen gut vor: Entfernen Sie alle Unkrautwurzeln und bringen Sie Kompost oder einen anderen organischen oder mineralischen Volldünger in den Boden ein. Auch wenn das Gärtnern im Sonnenschein mehr Spass macht, sollte man das Pflanzen auf die grauen, trüben Tage verlegen. Meistens werden beim Pflanzen Wurzeln verletzt und die Gewächse büßen einen Teil ihrer Widerstandskraft ein. Bei bedecktem Himmel verdunsten sie nicht so viel Wasser und sind dadurch weniger Stress ausgesetzt. Wässern Sie die Pflanzen vor Beginn der Pflanzaktion ein bis zwei Stunden in einer Wanne. Bei Gruppenpflanzungen verteilen Sie dann die Pflanzen gemäß des Pflanzplanes auf dem Beet, um die Abstände festzulegen und eventuell Korrekturen vorzunehmen, wenn Sie doch lieber eine andere Anordnung wünschen. Erst dann graben Sie jede einzelne Pflanze ein. Gehölze und Großstauden sind für eine Handvoll Hornspäne als „Wegzehrung" im Pflanzloch dankbar. Sie sollten so tief gesetzt werden, wie sie vorher im Container standen, also weder in einen Trichter noch so, dass die Wurzelhälse aus der Erde ragen. Breiten Sie die Wurzeln vorsichtig im Pflanzloch aus und füllen Sie mit lockerer Erde auf. Bei großen Pflanzen muss man die Erde zwischendurch immer wieder andrücken, damit sich keine Hohlräume bilden. Abschließend wird die Erde rundum leicht festgedrückt und das gesamte Beet schließlich gründlich gewässert. Auch in den folgenden Tagen ist es wichtig, für ausreichend Feuchtigkeit zu sorgen. Schlanke, hohe Gehölze sind

Taglilien *(Hemerocallis)* können lange Zeit an einem Standort bleiben, ohne dass man sie verpflanzen muss. Nach dem Umpflanzen kann es allerdings ein bis zwei Jahre dauern, bis sie sich wieder zur Blüte entschließen.

oft dankbar für einen Stützpflock, der so eingeschlagen werden muss, dass er den Wurzelballen nicht beschädigt. Man bindet die Pflanzen mit einem weichen, nicht zu straffen (Kokos-)Strick an den Pfosten, um sie zu stabilisieren.

Umpflanzen

Für das Umpflanzen gelten die gleichen Regeln wie für das Pflanzen. Die meisten Gewächse nehmen einen einmaligen „Umzug" nicht übel, aber Sie sollten aus Ihrem Garten keinen Wanderzirkus machen, das hat nur kümmernde oder gar verkrüppelte Pflanzen zur Folge. Achten Sie beim Ausgraben darauf, den Wurzelballen nicht unnötig stark zu beschädigen. Besonders Gehölze dürfen nur während der Vegetationsruhe an frostfreien Tagen im Frühjahr und Herbst verpflanzt werden. Das geeignete Werkzeug dafür ist eine Grabegabel. Sie richtet weniger Schaden an den Wurzeln an als ein Spaten.
Werden bei Laubgehölzen oder Stauden viele Wurzeln beschädigt oder gekappt, muss auch der

Kronenbereich zurückgeschnitten werden, damit eine ausreichende Nährstoff- und Wasserversorgung der verbleibenden Laubmasse gewährleistet ist. Die Pflanzen treiben später wieder üppig aus, wenn sie ihre Wurzeln regeneriert haben.

Planzenpflege

Nach dem Pflanzen sollen die Gewächse möglichst prächtig gedeihen. Dabei hilft es ihnen, wenn sie gelegentlich gedüngt werden. Das geschieht normalerweise erst einige Wochen nach dem Umpflanzen, denn die Erde wurde ja zur Pflanzvorbereitung bereits mit Dünger oder Humus aufgebessert. Im Winter wird nicht gedüngt, da die Pflanzen die Nährstoffe kaum aufnehmen und ein Großteil des Düngers ins Grundwasser ausgeschwemmt wird. Ab März sind Düngergaben sinnvoll, da die Pflanzen beim Austrieb und Frühjahrswachstum für zusätzliche Nährstoffe dankbar sind. Die letzte Düngung erfolgt im August/September, damit die Triebe der Pflanzen noch bis zum Winter aushärten können.

Organische Dünger wie Guano, Holzasche, abgelagerter Kleintier- oder Stallmist, Knochen-, Blut- oder Hornmehl und vor allem Kompost gelten als Langzeitdünger und dienen zur Bodenverbesserung. Sie befördern eine gesunde Bodenfauna, was schließlich zur Dauerfruchtbarkeit des Bodens führt. Klärschlamm ist nicht zu empfehlen, da er zuviel Schwermetalle und andere giftige Ablagerungen enthält. Mineralische (synthetische) Dünger geben ihre Wirkstoffe sofort frei. Es handelt sich meist um Stickstoff, Phosphat und Kalium, oft ergänzt durch Spurenelemente in variierender Zusammensetzung. Sie lösen direkt nach Anwendung einen Wachstumsschub aus, der aber nicht lange anhält. Deshalb müssen mineralische Dünger öfter ausgebracht werden. Eine neue Entwicklung sind mineralische Depot- oder Langzeitdünger, die ihre Wirkstoffe nach und nach freisetzen. Sie wirken oft monatelang und machen ein Nachdüngen überflüssig. Es gibt darüber hinaus verschiedene Spezialdünger, darunter auch Kombipräparate aus organischen und mineralischen Düngesubstanzen. Rosendünger z. B. fördert eine reiche Blütenbildung, Rhododendrondünger wirkt sauer und eignet sich auch für alle Heidekrautgewächse und Kamelien. Rasen- und Koniferendünger haben ebenfalls ihren spezifischen Wirkungskreis. Wichtig bei allen Düngern ist, dass er nicht auf die Blätter gelangt und dass nach der Düngergabe ausreichend bewässert wird. Abschließend noch ein Hinweis: Die meisten Pflanzen gehen nicht an Nährstoffmangel ein, sondern sterben an Überdüngung. Deshalb lieber maßvoll düngen als nach der Devise „Viel hilft viel"!

Schneiden und Verjüngen

Sowohl Stauden als auch Kletterpflanzen und Gehölze müssen gelegentlich in ihre Grenzen verwiesen werden. Bei Stauden und Blütengehölzen hat der Rückschnitt außerdem die Aufgabe, den Austrieb blühfreudiger Jungtriebe anzuregen. Bei Stauden, aber auch vielen Einjährigen sollte vom Frühjahr bis zum Herbst regelmäßig Verblühtes ausgeschnitten werden, um eine weitere Blütenbildung anzuregen und ein Verausgaben durch Samenproduktion zu verhindern. Der erste Frost im Herbst ist meistens der Startschuss für das große Aufräumen im Garten. Einjährige verabschieden sich dann für immer, während Stauden ihre Lebenskraft in den unterirdischen Speicherorganen konzentrieren, um im nächsten Frühjahr neu auszutreiben. Warten Sie, bis die oberirdischen Pflanzenteile braun

und verdorrt oder vom Frost zerstört worden sind, bis Sie sie bodeneben abschneiden und auf den Kompost werfen. Manche Stauden können auch im Sommer, nachdem sie geblüht haben, zurückgeschnitten werden. Dadurch treiben sie neu durch und bekommen einen dichteren Wuchs. Dies gilt z. B. für die meisten Polsterstauden, Lavendel, aber auch für erneut im Spätsommer blühende (remontierende) Arten wie Rittersporn, Feinstrahl und hohen Phlox.

Gehölze

Gehölze zu schneiden ist einfacher, als gemeinhin angenommen. Als Grundregel gilt: Alle Blütengehölze, die an vorjährigen Trieben blühen – normalerweise sind das die Frühjahrsblüher – werden nach der Blüte im Frühsommer zurückgeschnitten. Sie haben so nach dem Schnitt genug Zeit, neue Triebe und Blütenansätze bis zum Herbst auszubilden. Die anderen Gehölze schneidet man während der Vegetationspause im Spätherbst oder zeitigen Frühjahr, weil dann der Saftfluss am geringsten ist und ein Schnitt die Pflanzen am wenigsten schwächt.
Die meisten immergrünen Gehölze können fast das ganze Jahr über geschnitten werden, man-

Bei öfter blühenden Kletterrosen muss Verblühtes möglichst bald ausgeschnitten werden, um eine weitere Blütenbildung anzuregen.

che, z. B. Kiefern, Tannen oder Fichten, sollten allerdings überhaupt nicht beschnitten werden, weil sie sonst ihre typische Wuchsform einbüßen. Genauere Angaben zum Zeitpunkt des Rückschnittes der einzelnen Arten erfahren Sie auch im Porträtteil dieses Buches.

Rosen

Edel- und Beetrosen (Polyantharosen) sowie Strauch- und Kletterrosen werden zunächst im Frühjahr zurückgeschnitten, um Erfrorenes zu entfernen. Nach der Hauptblüte im Frühsommer schneidet man die verblühten Triebe und die obersten zwei

Blattachseln zurück. Stark austreibende Strauchrosen kann man auch mehr einkürzen, damit sie einen schönen Wuchs behalten und nicht auseinander fallen. Bei dauerblühenden Edelrosen müssen sogar ständig alle verwelkten Blüten ausgeschnitten werden. Kranke, welke und verdorrte Triebe müssen ebenso wie aus dem unterirdischen Stock austreibende Wildtriebe entfernt werden.

Im Herbst kürzt man Beet- und Edelrosen bis auf die starken Haupttriebe und gibt ihnen einen Winterschutz, indem man einen Erdwall um den Stamm anhäufelt oder sie mit Reisig abdeckt. Schneiden Sie immer knapp oberhalb der Blattachsel und möglichst so, dass der neue Trieb, der aus der Ansatzstelle des Blattstiels am Zweig austreibt, nach außen zeigt. Das garantiert einen lockeren, gefälligen Wuchs.

zung mit einigen frischen Produkten „Marke Eigenbau" ist durchaus auch im kleinen Rahmen möglich. Platzsparend, aber dennoch effektiv sind Hochbeete und Hügelbeete. Auch eine geschickte Sortenwahl ermöglicht eine optimale Nutzung des vorhandenen Platzes. Beerensträucher bringen auf kleiner Grundfläche reiche Ernten, Stangenbohnen nutzen die Vertikale und Mischkulturen mit gut geplanter Fruchtfolge vermeiden „Leerlaufzeiten" im Gemüsebeet. Zwischen Nutzpflanzen gesetzte Ringelblumen und Tagetes sorgen für eine natürliche Bodenhygiene und sehen obendrein hübsch aus. Auf dem in Ruhe reifenden Kompost kann man die Starkzehrer Gurke, Zucchini und Kürbis pflanzen, die zugleich mit ihren großen Blättern für den zur Kompostreife nötigen Schatten sorgen. An Spalieren und Pergolen lassen sich Obst wie Kiwi, Brombeere, Spalierbirne und

Weinrebe ziehen und Obstbäume können geschickt in die Zierbepflanzung integriert werden. Manche Gemüsesorten sind sogar so dekorativ, dass sie in die Blumenbeete gepflanzt werden können.

Artischocken, Roter Mangold, Lollo Rosso-Salat und die blau bereiften Rotkohlköpfe lassen sich gut mit Zierpflanzen kombinieren. Die meisten Kräuter wie Rosmarin, Salbei, Lavendel und Thymian sehen auch im Steingarten oder in einem mediterran gestalteten Ambiente sehr stimmig aus. Achten Sie beim Bepflanzen Ihres Gemüsegärtchens darauf, dass Sie keine Arten wählen, die zu viel Platz bei zu wenig Nutzen brauchen. Kartoffeln und Rüben kauft man besser auf dem Markt, frische Radieschen oder sonnenreife Tomaten sollten allerdings ein unverzichtbarer Bestandteil Ihres Gemüsegartens sein! Im Porträtteil dieses Buches finden Sie eine Auswahl

Gesundes Gemüse selber ziehen

Zu jedem Hausgarten gehört ein kleiner Küchengarten, in dem wenigstens einige frische Kräuter, vielleicht aber auch etwas gesundes Gemüse zur Bereicherung des Speisezettels wächst. Ein Reihenhausgarten bietet nicht genug Platz, um sich als Selbstversorger mit Gemüse und Obst durchs Jahr zu futtern, aber eine sinnvolle und gesunde Ergän-

Für ein kleines Gemüsegärtchen ist auf den meisten Grundstücken Platz.

interessanter Arten und Sorten, die sich auch für Reihenhaus-gärten eignen.

„Bio" oder konventionell?

Wurden vor einigen Jahren die Vorreiter des sanften Gärtnerns mit biologischen Methoden noch als „Ökospinner" belächelt, setzt sich mehr und mehr die Erkenntnis durch, dass die hemmungslose Verwendung von Giften und Kunstdüngern im Garten unter dem Motto „Viel hilft viel" und alljährliches eifriges Umgraben nicht nur langfristig keine besseren Ergebnisse, sondern vielmehr sogar ausgelaugte Böden, eine aus dem Gleichgewicht geratene Umwelt und eine Verarmung der Artenvielfalt zur Folge hat.
Oft ist das, was heute als „Bio" bezeichnet wird, eigentlich nicht mehr und nicht weniger als die konventionelle Art des Gärtnerns, die vor der Einführung der chemischen Pflanzenschutzmittel Jahrtausende lang praktiziert wurde. Viele Methoden wurden wiederentdeckt, manche durch moderne wissenschaftliche Erkenntnisse erweitert und verbessert und darüber hinaus der Erfolg durch gezielte Pflanzenzucht und geschickte Sortenwahl optimiert.

Vorurteile überwinden

Einem gängigen Vorurteil, nämlich dass Bio-Gärten ungepflegt und voller Unkraut seien, muss genauso widersprochen werden wie der Meinung, dass das Gärtnern nach biologischen Grundsätzen mehr Arbeit mache. Ein richtig gepflegter „Biogarten"

Rechts: Manche Wildstauden regen zum Gestalten ungewöhnlicher, aber dennoch naturnaher Gartenbilder an. Hier wurde Schopflavendel mit Affodill kombiniert, um eine mediterrane Stimmung zu schaffen.

sieht nicht weniger ordentlich aus als ein konventionell bewirtschafteter und macht auch nicht mehr Arbeit – es ist nur eine Frage der Schwerpunkte und der Arbeitseinteilung. Jeder muss wissen, was er von seinem Stück Garten erwartet. Wer ganz auf „Bio" schwört und konventionelle Methoden einschließlich aller chemischen Pflanzenschutzmittel verdammt, hat gewiss seine Gründe dafür. Viele Allergiker beispielsweise sind auf eine giftfreie Umwelt angewiesen und begrüßen es, wenn wenigstens im eigenen Garten keine Gefahr droht. Junge Familien schwören auf giftfreies Gemüse und nitratarmen Salat für den Nachwuchs und manch einer erfreut sich am intensiven Geschmack biologisch gezogener Karotten und Radieschen, die er mit gutem Gewissen roh und ungeschält verzehren kann.
Umgekehrt ist der maßvolle und bewusste Einsatz von Pflanzenschutzmitteln nicht grundsätzlich verwerflich, denn tatsächlich gelingt es selten, einen Rosengarten in unseren Breiten ganz ohne Fungizide zu pflegen und auch zahlreiche Exoten und Monokulturen überleben bei uns nur dank moderner Pflanzenschutzmittel. Natürlich stellt sich früher oder später die Frage, ob Pflanzen, die nicht ohne künst-

liche Hilfe überleben können, überhaupt bei uns kultiviert werden müssen. Aber wer will es einem Liebhaber, der sich auf die Rosenzucht verlegt hat, verwehren, dass er seine Schützlinge hegt und pflegt, so gut es geht? Jeder sollte für sich selbst entscheiden und seinen Nachbarn nicht dämonisieren, nur weil er anders denkt und handelt. Natürlich ist es in einer räumlich so beengten Situation wie bei Reihenhausgärten selbstverständlich, dass Gifte nicht über die Grundstücksgrenzen dringen dürfen und ein „Naturgarten" nicht das Stadium ungepflegten Wildwuchses annimmt. Gerade in einer Reihenhaussiedlung ist es die Vielfalt unterschiedlichster

Wenn Mehltau die Pflanzen befällt, sollte man den Standort prüfen. Oft ist mangelnde Luftzirkulation oder zu viel Schatten der Grund für die Erkrankung.

Gärten, die besonders reizvoll ist und zum Austausch über den Gartenzaun anregt.

Pflanzenschutz im Garten

Für alle Pflanzenschutzmittel – ganz gleich, ob es sich um chemische oder so genannte „biologische" handelt, gilt die Regel: So wenig wie möglich, so viel wie nötig. Kein Präparat, auch wenn es vom Hersteller als noch so umweltfreundlich und Nützlinge schonend angepriesen wird, bleibt ohne nachhaltige Wirkung auf das ökologische Gleichgewicht in der Natur.

Da ein (Reihenhaus-)Garten nicht mehr als ursprüngliche Naturlandschaft bezeichnet werden kann und mit seiner geringen Ausdehnung ohnehin eine Art Ausnahmezustand darstellt, kommt es immer wieder zu einer massiven Vermehrung einzelner Schädlinge oder Pflanzenkrankheiten. Gegen fast alles hält der Fachhandel mehr oder weniger geeignete Präparate bereit, die gespritzt, gegossen, gestreut oder sonstwie ausgebracht werden können.

- Insektizide bekämpfen Schadinsekten von der Blattlaus bis zur Rosenzikade. Wählen Sie, wenn möglich, umweltschonende Präparate.
- Fungizide wirken auf Pilzerkrankungen. Je nach Pflanze und Pilzart gibt es verschiedene Präparate, die entweder gespritzt oder aufgestäubt werden.
- Herbizide bekämpfen so genannte Unkräuter, beispielsweise Moose, Gräser und andere Pflanzen, die zwischen Pflaster oder Kies wachsen. Außerdem werden Herbizide gegen Massenunkräuter wie Löwenzahn, Weißklee, Winden u. a. angeboten. Für den Reihenhausgarten ist von einem Herbizideinsatz allerdings abzuraten. Die meisten lästigen Wildkräuter können von Hand leicht gejätet werden. Achten Sie darauf, die Pflanzenwurzeln vollständig mit zu entfernen. Terrassen und Wege können mit thermisch arbeitenden Geräten umweltschonend unkrautfrei gehalten werden.

Bevor Sie zu radikalen Pflanzenschutzmitteln greifen, sollten Sie zunächst prüfen, ob die betroffenen Pflanzen am optimalen Standort stehen und alle ihre Bedürfnisse erfüllt sind. Oft erkranken Pflanzen nur deshalb, weil sie an der falschen Stelle gepflanzt wurden oder die Wachstumsvoraussetzungen nicht adäquat sind. Rosen brauchen nicht nur mindestens fünf Stunden Sonne am Tag sondern auch reichlich frische Luft, damit sich keine Mehltau- oder Rostpilze ausbreiten können. Eine im Schatten gepflanzte Rose wird daher immer zum Kränkeln neigen. Kümmert eine Pflanze vor sich hin, ist es manchmal sinnvoller, sie durch ein für den Standort besser geeignetes Gewächs zu ersetzen, als sie mit tausend Mittelchen ständig zu therapieren.

Natürliche Spritzmittel

Pflanzen, die der Ernährung dienen, sollten auf keinen Fall mit chemischen Pflanzenschutzmitteln behandelt werden. Als milde Alternative bieten sich Spritzbrühen aus Zwiebel, Knoblauch, Brennnessel oder Schachtelhalm an. Während Tees und Jauchen aus Brennnesseln, Zwiebeln und Knoblauch zur direkten Abwehr von Schädlingen (Blattläuse, Spinnmilben) geeignet sind, dient Schachtelhalm der Vorbeugung. Mit Schachtelhalmbrühe gespritzte Pflanzen werden kräftiger und entwickeln ein stärkeres Autoimmunsystem gegen Pilzkrankheiten. Zwiebelschalenjauche wirkt bei leichtem Befall auch gegen die gefürchtete Tomaten-Braunfäule.

Ackerschachtelhalmbrühe

150 g getrockneten (aus der Apotheke) oder 1 kg frischen Ackerschachtelhalm *(Equisetum arvense)* in 10 l Wasser einen Tag lang ziehen lassen, am nächsten Tag aufkochen und etwa eine halbe Stunde lang sanft köcheln lassen. Nach dem Erkalten abfiltern. Zum Spritzen im Verhältnis 1 : 5 verdünnen, eventuell mit 0,5 bis 1 % Wasserglas (in Apotheken erhältlich) versetzen.

Wurmfarnbrühe

100 g getrocknetes (aus der Apotheke) oder 1 kg frisches Kraut des Wurmfarnes *(Dryopteris filix-mas)* in 10 l Wasser einen Tag lang ziehen lassen, am nächsten Tag aufkochen und etwa eine halbe Stunde lang sanft köcheln lassen. Nach dem Erkalten Abfiltern. Zum Spritzen im Verhältnis 1 : 5 verdünnen.

Zwiebelschalentee

50 g frische oder 20 g getrocknete Zwiebelschalen werden mit 1 l nicht mehr kochendem Wasser überbrüht, 24 Stunden stehen lassen und abfiltern. Zum Spritzen im Verhältnis 1 : 10 verdünnen.

Knoblauchtee

10 klein gehackte Knoblauchzehen mit 1 l nicht mehr kochendem Wasser überbrühen, 24 Stunden ziehen lassen und abfiltern. Zum Spritzen im Verhältnis 1 : 3 verdünnen.

Knoblauch-Kaltwasserauszug

In 1 l kaltes Wasser wird 100 g frischer, klein gehackter Knoblauch gegeben. Nach etwa einer Stunde (nicht länger!) abgießen.

Brennnesseljauche

Für Kräuter- und Zwiebeljauchen, also auch Brennnesseljauche, werden etwa 500 g frische oder 75 g getrocknete Pflanzenteile wie beim Kaltwasserauszug in 5 l Wasser aufgesetzt, nur lässt man die Mischung etwa 14 Tage lang in einem Kunststoffgefäß (kein Metall) gären. Gelegentliches Umrühren fördert den Verjauchungsprozess. Es entsteht eine starke Geruchsbelästigung, deshalb nicht im Haus oder in der Nähe von Nachbarn gären lassen! Nach Abschluss der Gärung den Extrakt abfiltern und im Verhältnis 1 : 20 verdünnt spritzen.

Außer den Spritzbrühen und Pflanzenjauchen können sowohl Schädlinge als auch Pflanzenkrankheiten durch das Einstäuben der betroffenen Gewächse mit Urgesteinsmehl, Algenkalk oder Holzasche bekämpft werden. Eine weitere kluge Strategie zur Schädlingsbekämpfung sind Mischkulturen im Gemüsebeet, das mechanische Absammeln (z. B. von Raupen und Schnecken), Schutznetze (z. B. gegen Kohl- und Möhrenfliegen sowie Vogelfraß), Gelbsticker und Leimringe, auf denen Schädlinge kleben bleiben und die Ansiedlung und Pflege von Nützlingen.

Nützlinge fördern

Garten und Schädlinge – ein leidiges Thema. Unter den vielen großen und kleinen Tieren, die sich – meistens ungebeten – im Garten tummeln, gibt es solche, die den Gärtner mit ihrem Appetit auf Grünes zur Verzweiflung treiben, aber auch solche, die ihn bei seiner Arbeit unterstützen. Bei Neuanlagen muss sich meistens erst ein Gleichgewicht zwischen Nützlingen und Schädlingen einpendeln, was mitunter einige Jahre braucht. In dem begrenzten Areal eines Reihenhausgartens ist es nicht immer einfach, die Vielfalt und Menge an Pflanzen bereitzustellen, die ein ökologisches Gleichgewicht gewährleisten. Statt wahllos alles zu vernichten, was da kriecht und krabbelt, sollte man beobachten lernen, die Arten bestimmen und nur in Fällen, bei denen eine echte Bedrohung vorliegt, eingreifen. Ohne Regenwürmer in der Erde gäbe es keinen fruchtbaren Humus, ohne Spinnen würden die Fliegen überhand nehmen. Geht man nicht gleich mit Gift gegen die ersten Blattlauskolonien vor, werden sich Marienkäfer-, Schwebfliegen- und Florfliegenlarven darüber hermachen und für ein natürliches Gleichgewicht sorgen. Sie können dies aber nur, wenn man ihnen nicht die Nahrungsgrundlage durch Abtöten der Läuse mit Gift entzieht und wenn man die ausgewachsenen Tiere nicht aus dem Garten vertreibt. Selbst bei Mäusen gibt es Unterschiede: Die Spitzmaus mit ihrem langgezogenen Rüsselmäulchen – die streng biologisch eigentlich gar keine Maus ist – verspeist mit Vorliebe Insekten und Schnecken.

Rechts: Blattläuse saugen besonders an frischen, saftreichen Trieben. Man kann sie mit einem Papiertaschentuch abstreifen oder warten, bis gefährlich aussehende, aber nützliche Marienkäferlarven sich daran gütlich tun.

Unten: Wildbienen und andere Nutzinsekten finden in solchen leicht selbst zu bastelnden Behausungen Unterschlupf, was ihre Ansiedlung auch in kleinen, intensiv genutzten Gärten ermöglicht.

dern, kann man nachhelfen. Über spezialisierte Nützlingszüchter (Adressen im Anhang) kann man die fleißigen Helfer per Postversand bestellen.

Einen vorhandenen Garten umgestalten

Beim Kauf, besonders aber bei der Anmietung eines Reihenhauses kann der Fall eintreten, dass der Garten bereits vom Vorbesitzer/Vormieter angelegt wurde. Ist man mit dem Vorhandenen nicht glücklich oder wünscht man in einigen Bereichen Veränderungen, sollte man im Fall eines Mietgartens Rücksprache mit dem Vermieter/Hauseigentümer halten. Selbst wenn im Mietvertrag steht, dass dem Mieter die Gartenbenutzung gestattet ist und die Gartenpflege obliegt, können einschneidende Veränderungen wie das Abholzen von Bäumen oder die Anlage eines Gartenteiches potentielle Konflikte heraufbeschwören (zu den Eigentumsverhältnissen von Pflanzen in Mietgärten siehe den Abschnitt über Nachbarschaftsrecht in diesem Buch). Ist die Frage der Zuständigkeit grundsätzlich geklärt worden, kann man unbesorgt seinen Traumgarten anlegen.
Aber nicht nur der fremde, beim Kauf oder der Anmietung übernommene Garten kommt für eine Umgestaltung in Frage. Auch der vor Jahren selbst angelegte Garten kann hin und wieder einer Revision unterzogen werden. Kein Garten ist ein statisches Gebilde. Pflanzen wachsen allmählich und wo einst Sonne war, macht sich mit den Jahren Schat-

kästen für Vögel und Fledermäuse, eine schonende Bodenbearbeitung und ausreichend Unterschlupfmöglichkeiten für Wildtiere das ökologische Gleichgewicht fördern. Als Lebensraum für Wildtiere kommen z. B. Gartenteiche mit Sumpfzonen, Reisighaufen, Trockenmauern, kleine Brachflächen am Grundstücksrand und vielseitige Blütenhecken aus heimischen Gehölzen in Frage. Sie sorgen für eine große Artenvielfalt selbst in kleinen Gärten.
Ein Heim für nützliche Insekten wie Wildbienen, Wegwespen oder Faltenwespen bieten abgestorbene Baumstümpfe, die nicht entfernt werden ebenso wie kleine Schilf- und Zweigbündel, die man in Bäume oder an geschützten Stellen z. B. unter Mauervorsprüngen, das Schuppendach o. ä . bindet. Regelrechte Mehrfamilienhäuser stellen kleine Holzblöcke dar, in die Lochreihen mit einem Durchmesser von 2 bis 10 mm und etwa 10 cm Tiefe gebohrt werden. Übrigens: Wo Nützlinge nicht in ausreichendem Maß von selbst zuwan-

Pflanzen fügt sie, anders als die Feld- und die Schermäuse, keinen Schaden zu. Um Nützlinge zu fördern, sollte man im Garten auf chemische Pflanzenschutzmittel verzichten und stattdessen biologisch unbedenkliche, Nützlinge schonende Präparate verwenden. Der Fachhandel hält inzwischen ein breites Angebot bereit; Adressen finden Sie im Anhang. Darüber hinaus kann man mit Nist-

ten breit. Natürliche Alterungsprozesse lassen manche Pflanzen sperrig oder blühfaul werden, andere sind schlicht und einfach unpopulär geworden oder sprengen im ausgewachsenen Zustand den Rahmen eines Reihenhausgartens. Auch Veränderungen im Leben der Gartenbesitzer können den Ausschlag dafür geben, eine Umgestaltung vorzunehmen: Die Kinder wurden größer und sind ausgezogen, die Spielecke und auch der Platz für Gartenpartys werden entweder nicht mehr so oft genutzt oder gar nicht mehr gebraucht. Die Pflege aufwändiger Pflanzungen macht vielleicht inzwischen zuviel Arbeit, der einst so nette Gartenpavillon ist in die Jahre gekommen und morsch oder der Teich von hoch gewachsenen Bäumen völlig beschattet. Manchmal ist die Obst- und Gemüseproduktion angesichts geringeren Verbrauchs oder besserer Einkaufsmöglichkeiten nicht mehr rentabel oder sinnvoll. Vielleicht gefällt auch einfach der Gartenstil nicht mehr. Gründe für eine Änderung der Anlage gibt es nach einigen Jahren viele.

Systematische Planung

Für die Planung einer Umgestaltung geht man am Besten genauso vor wie bei einer Neuanlage: Eine Grundstücksinspektion mit „Gartencheck" (siehe oben) liefert wichtige Erkenntnisse über den (Pflege-)Zustand des Gartens, die Bodenqualität, gartenarchitektonische Konstanten (Mauern, gepflasterte Wege und Sitzplätze etc.) und die vorhandenen Pflanzen. Stellen Sie am besten eine Liste des Pflanzeninventars auf. Hier können Sie auch vermerken, in welchem Zustand sich die Pflanzen befinden – wurden z.B. die Obstbäume und Blütensträucher vom Vorbesitzer regelmäßig und fachkundig beschnitten oder sind sie verwildert; sind Hecken blickdicht oder verkahlt; besteht der Rasen hauptsächlich aus Moos und Unkraut oder ist er dicht und grün usw. Manche der Pflanzen können vielleicht an Ort und Stelle bleiben und in Ihre Planung integriert werden, andere müssen umgepflanzt und einige vielleicht auch ganz entfernt werden. Zeichnen Sie einen Gartenplan Ihres Idealgartens, wie oben bereits geschildert, und berücksichtigen Sie dabei Ihre Bedürfnisse und Wünsche. Beim Vergleich mit der Liste, die Sie bei der Garteninspektion gemacht haben, wird Ihnen auffallen, was von dem Vorhandenen in das neue Konzept einbezogen werden kann, wo Kompromisse möglich sind und wo gänzlich neu gestaltet werden soll. Auch hier gilt: Nicht alles muss auf einmal gemacht werden. Fangen Sie mit dem Grundsätzlichen an, um die Voraussetzungen für eine spätere Weiterentwicklung zu schaffen. Beschattet ein großer Baum den gesamten Garten, muss dieser erst gefällt werden, bevor man Blumenbeete anlegt, genauso, wie zuerst rechtwinklig gepflasterte oder betonierte Einfassungen und Wege beseitigt werden müssen, wenn man zukünftig weiche, geschwungene Linien für Beete und Wege wünscht. Oft fällt die Entscheidung zum Beginnen schwerer als die eigentliche Arbeit, denn mit jedem kleinen Schritt vorwärts wächst die Freude über das Erreichte und am Ende steht die Erkenntnis, dass Traumgärten möglich sind!

Manch wenig phantasievolle Anlage könnte mit etwas Überlegung umgestaltet und dadurch zu einem echten Erlebnis werden.

Oben: Bunt blühende
Stauden, kombiniert mit
Einjährigen, Gräsern und
Kleingehölzen, sorgen für
ein lebendiges Bild.

Links: Schattige Bereiche
kann man mit Fuchsien
und Buchsbaum im Kübel
aufwerten.

Gestaltungs- beispiele und Pflanzideen

Praktische Tipps für fast jede Situation

Familiengärten brauchen Rasenflächen und Spielgeräte für die Kinder.

Für manch einen ist der Garten des neu erworbenen Reihenhauses der erste Garten überhaupt. Ganz ohne Erfahrung fällt es oft schwer, eine Anlage zu planen und das Vorgestellte dann auch noch in die Praxis umzusetzen. Wie soll man mit Licht und Schatten umgehen? Welche Gehölze eignen sich für kleine Gärten, welche nicht? Braucht man unbedingt einen Kom-

posthaufen und bringt ein Hügelbeet wirklich so viel Ertrag, wie man immer hört? Fragen über Fragen tauchen wie aus dem Nichts auf. In zahlreichen Beispielentwürfen zeigen wir, wie man verschiedene, auch schwierige Situationen meistern kann. Detaillösungen sollen als Anregung und Hilfe bei der praktischen Ausführung behilflich sein.

Romantische Gärten werden immer beliebter. Eine Rose im Vorgarten empfängt die Besucher mit zauberhaftem Charme.

Vorgärten

Das Leben in der Stadt hat zur Folge, dass immer mehr Grünflächen verloren gehen, da sie Parkplätzen und Gehwegen weichen müssen. Umso wichtiger ist es, dass man selbst kleinste Vorgärten wie die von Reihenhäusern attraktiv gestaltet, selbst wenn sie nicht zum Aufenthalt genutzt werden, denn dies trägt zu einer wesentlichen Verbesserung der allgemeinen Lebensqualität bei. Man sollte nicht vergessen, dass ein Vorgarten zwar hauptsächlich, aber eben nicht nur für die Bewohner eines Hauses da ist. Der Vorgarten ist die Visitenkarte des Hauses und ein Spiegel der Persönlichkeit des Eigentümers. Dabei spielt es keine Rolle, wie groß so ein Vorgärtchen ist, sondern allein, wie geschickt und aufmerksam er geplant und gestaltet wurde.

Auch ohne großen finanziellen oder technischen Aufwand lässt sich der Eingangsbereich eines Reihenhauses sinnvoll, einladend und attraktiv gestalten. Notwendige Accessoires wie Gartenzaun, Briefkasten, Beleuchtung, Hausnummer und Klingel können nicht nur zweckmäßig, sondern auch stilvoll und harmonisch zur Umgebung ausgewählt werden. Das Problem der straßennahen Unterbringung von Mülltonnen – oft ein ästhetisches Ärgernis, aber eben doch eine Notwendigkeit – kann elegant gelöst werden, indem man einen Unterstand baut und diesen dann begrünt. Kletterpflanzen können die Hausfassade begrünen und zum Blühen bringen, ein kleines Hochstammbäumchen (z. B. eine Kugelakazie) stellt den Hausbaum, ohne viel Platz zu beanspruchen. Auch handwerklich nicht so Begabte können mit wenigen Handgriffen und einfachen Mitteln lebendige, individuelle Akzente setzen, indem sie zu jeder Jahreszeit hübsch bepflanzte Töpfe und Schalen auf den Treppenabsatz oder den Vorplatz stellen und mit einer phantasievollen Bepflanzung des schmalen Streifens zwischen Haustür und Straße ein mutiges Bekenntnis zur Farbe ablegen.

Immergrüne Koniferen sind zwar pflegeleichter, strahlen aber die Lebendigkeit einer Grabgestaltung aus. Besser sind kleinwüchsige Laubbäume wie Fächerahorn oder Blütensträucher, an denen man den Wechsel der Jahreszeiten beobachten kann. Schon im zeitigen Frühjahr kann man mit Primeln sogar schattige Vorgärten zum Leuchten bringen. Den ganzen Sommer über sorgen Fleißige Lieschen oder ihre sonnenverträglicheren Schwestern, die Neuguinea-Edellieschen, Lobelien und Fuchsien für bunte Farbtupfer. Heißen Sie Ihre Gäste willkommen, indem Sie Ihren Vorgartenbereich so einladend wie möglich gestalten! Die nachfolgenden Beispiele zeigen Ihnen Gestaltungsmöglichkeiten sowohl für sonnige als auch für schattige Vorgärten.

Ein schattiger Vorgarten

In der Regel befindet sich der Vorgarten von Reihenhäusern auf der Ost- oder Nordseite des Hauses und bekommt wenig Sonne ab. Die Umstände einer Reihenhaussiedlung bringen es oft mit sich, dass der Bereich zwischen Straße und Haustür nicht nur schattig, sondern auch noch sehr klein ist. In solchen Fällen ist eine geschickte Planung besonders wichtig, damit die „Visitenkarte des Hauses" nicht zum Stiefkind verkommt. Ein paar Tricks können helfen, die Situation blendend zu meistern: Wählen Sie für den Wegebelag helle Steine, die eine freundliche Atmosphäre schaffen. Wenn es einen Gartenzaun gibt, dann darf er gern leicht und hell sein, denn dichte, dunkle Holzlattenzäune oder dunkle Hecken machen den Vorgarten noch düsterer als er ohnehin schon ist. Auch die Haustür wirkt durch einen hellen Anstrich freundlicher. Wählen Sie statt immergrüner, dunkler Koniferen und den so oft im Vorgarten gepflanzten Rhododendren mit dunklem Laub besser niedrig bleibende Gehölze, Stauden und Gräser mit hell gezeichneten (panaschierten) Blättern. Verschiedene langsam wachsende, weißbunte Spindelstrauch-Sorten (*Euonymus fortunei*-Kultivare), Funkien (*Hosta*), weißbunte Japansegge (*Carex morrowii* 'Variegata') und andere eignen sich besonders gut für Schattenlagen. Der Schwerpunkt solch einer Gestaltung liegt auf dem Reiz der verschiedenen Blattformen, -strukturen und -farben.

Unser Beispiel zeigt einen Vorgarten von etwa 6 x 4 m (24 Quadratmeter). Der Weg wurde geschwungen angelegt, was den Blick zum Schweifen einlädt und das Grundstück optisch vergrößert. Die Mülltonnen verstecken sich hinter einem niedrigen Zaun, der nach vorn durch den immergrünen, weißbunten Spindelstrauch und den Becherfarn verdeckt wird. Der Wuchs einer

Oben: Das erste Grün lässt manchmal auf sich warten. Bis die frisch gepflanzten Bäume vor dem Haus eine ansehnliche Größe erreicht haben, sorgen Kübel und Töpfe mit allerlei Blüten- und Grünpflanzen für ein einladendes Vorgärtchen.

Rechts: Die Blaublattfunkie *(Hosta sieboldiana)* beeindruckt durch große, stark strukturierte, blaugrüne Blätter.

Der weißbunte Spindelstrauch *(Euonymus fortunei)* 'Gracilis' kann durch eine Stütze zum Klettern verleitet werden.

Pflanzschlüssel für den schattigen Vorgarten:

1 Becherfarn
  (Matteucia struthiopteris)
2 Bergenie *(Bergenia-Hybride 'Nebellicht')*
3 Blaublattfunkie *(Hosta sieboldiana)*
4 Buchsbaum *(Buxus sempervirens)*
5 Elfenblume *(Epimedium pinnatum)*
6 Goldnessel
  (Lamiastrum galeobdolon)
7 Hortensie
  (Hydrangea macrophylla)
8 Kaukasus-Vergissmeinnicht
  (Brunnera macrophylla 'Langtrees')
9 Lanzenfunkie *(Hosta lancifolia)*
10 Prachtspiere *(Astilbe Arendsii-Hybride 'Hyazinth')*
11 Riesen-Weißrandfunkie
  (Hosta crispula)
12 Schneeball
  (Viburnum x burkwoodii)
13 Schneefederfunkie
  (Hosta undulata var. univittata)
14 Spindelstrauch
  (Euonymus fortunei 'Gracilis')

eingetopften Buchsbaumkugel lässt sich durch regelmäßigen Schnitt gut unter Kontrolle halten, sodass der Zugang immer frei bleibt. Für Farbe sorgen im Frühjahr die Kaukasus-Vergissmeinnicht (die Sorte 'Langtrees' hat silbrig geflecktes Laub) und Bergenien. Im Sommer blühen die Prachtspieren und die Hortensien in Pastelltönen. Eine besondere Freude stellen im Spätwinter und Frühjahr die stark duftenden Blütendolden des wintergrünen Schneeballs *Viburnum x burkwoodii* dar. Elfenblumen und Goldnessel als Bodendecker sowie eine Sammlung eleganter Funkien komplettieren das Bild.

Ein sonniger Vorgarten mit begrünter Müllbox

Die meisten Reihenhaus-Vorgärten werden bei der Planung bewusst auf die Nordseite des Hauses verlegt, denn die Terrasse und der größere Nutz- und Ziergarten sollen sich dem Wunsch vieler Bewohner entsprechend nach Süden orientieren. Es gibt sie aber doch, die nach Süden oder Westen gelegenen Vorgärten, die spätestens ab Mittag gnadenlos der Sonne ausgeliefert sind. Im Sommer wird die Hitze nicht nur von den Hauswänden reflektiert, sondern auch von der Straße. Hinzu kommt, dass der Boden durch den gepflasterten Weg zur Haustür und die Müllbox aus Beton oder aus Kunststeinplatten nahezu versiegelt ist. Was könnte hier schon wachsen?
Hilfe versprechen die Hungerkünstler unter den Pflanzen, die

sich mit sukkulenten (dickflei-
schigen) oder graufilzigen
Blättern an extreme Standorte
angepasst haben. Dazu gehören
Mauerpfeffer *(Sedum)*, Sonnenröschen *(Helianthemum)*, Heiligenkraut *(Santolina)* und viele
Wolfsmilchgewächse *(Euphorbia-*
Arten). Bei unserem Beispiel, ein
kleiner Vorgarten von etwa 5 x
2,5 m (12,5 Quadratmeter) mit
einer Fertig-Betonmüllbox, wurde
eine extrem trockenheitsresis-
tente Bepflanzung gewählt, die
nahezu das ganze Jahr über
attraktiv bleibt, da viele der
Pflanzen wintergrün sind. Der
Weg zur Haustür ist mit hellen
Natursteinplatten mit unregelmäßigen Bruchkanten gepflastert. In den Fugen kann Kriechthymian wachsen. Rechts und
links des Weges wurde mit Kies
ein fließender Übergang zu den
Beeten und ein Zugang zur Müllbox geschaffen. Eine Anschich-

tung von Natursteinbrocken
neben der Müllbox, auf denen
Mauerpfeffer-Arten, Dachwurz
und Steinbrech angesiedelt werden können, nimmt ihr das Sta-
tische. Als „Hausbaum" wurde
eine Tamariske gewählt, deren
lichte Krone mit ihrem bizarren
Wuchs hervorragend zu diesem
Ensemble passt. An der Grund-
stücksecke ersetzt ein Säulenwacholder die in unseren Breiten
nicht frostharten echten Mittelmeerzypressen.

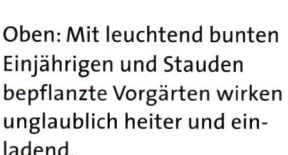

Oben: Mit leuchtend bunten
Einjährigen und Stauden
bepflanzte Vorgärten wirken
unglaublich heiter und einladend.

Links: Die einzige in unseren
Breiten völlig frostharte Palm-
lilienart ist *Yucca filamentosa*.

Pflanzschlüssel für den sonnigen Vorgarten:

1 Blauraute *(Perovskia* ‘Hybrida')
2 Brandkraut *(Phlomis samia)*
3 Elfenbeinginster *(Cytisus* x
   praecox)
4 Heiligenkraut
   (Santolina chamaecyparissus)
5 Kalifornischer Goldmohn
   (Eschscholzia californica)
6 Lavendel *(Lavandula angustifolia)*
7 Palmlilie *(Yucca filamentosa)*
8 Scharfer Mauerpfeffer *(Sedum
   acre)*
9 Sonnenröschen *(Helianthemum-*
   Hybride ‘Wisley White')
10 Tamariske *(Tamarix parviflora)*
11 Weißbunte Kriechspindel *(Euony-*
   mus fortunei ‘Emerald Gaiety')
12 Zweidrüsige Wolfsmilch
   (Euphorbia rigida)
13 Zypressen-Wacholder *(Juniperus
   scopulorum* ‘Sky Rocket')

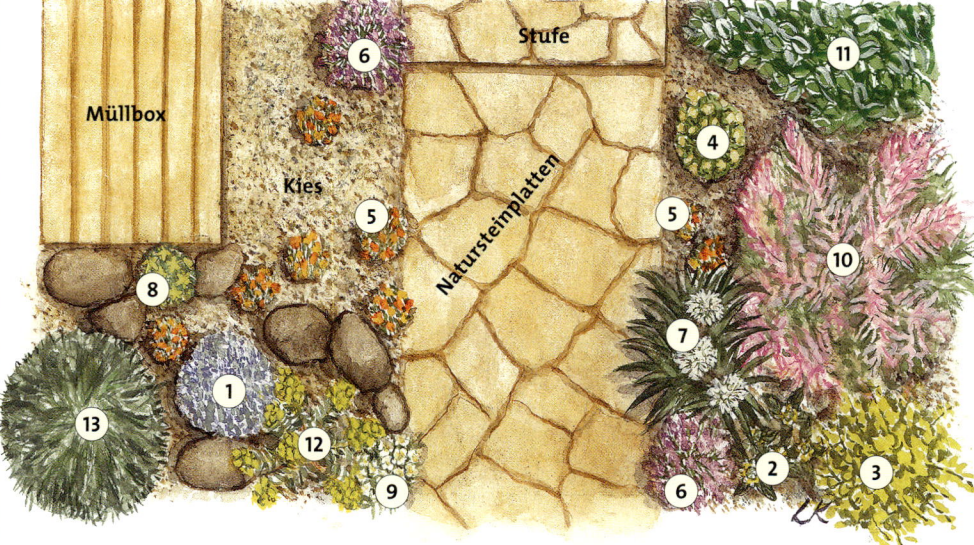

Auf kleinem Raum lässt sich mit geschickter Planung eine Menge unterbringen: Hier wurden Rosenbogen, Hochbeet, ein Kiesgarten und Stauden neben einem Rasenstück platziert. Der außen vorgebaute Balkon bildet gleichzeitig eine Veranda, die mit Kletterrosen berankt werden kann.

Auf den Kiesflächen und zwischen den Natursteinbrocken kann alljährlich neu, aber nicht zu dicht der bezaubernde Kalifornische Goldmohn ausgesät werden. Alle Gewächse lieben trockene, sonnige Standorte und sind voll frosthart. In extremen Lagen sollte allerdings statt der Tamariske eine andere Gehölzart (z. B. eine Weidenblättrige Birne oder Sanddorn) und statt Palmlilie und Heiligenkraut besser ein Ziergras (z. B. Zwerg-Chinaschilf, *Miscanthus sinensis* 'Yakushima Dwarf') und ein Fünffingerstrauch *(Potentilla fruticosa)* gepflanzt werden. Am Ende des Beispielkapitels, bei den Detaillösungen, finden Sie die Anleitung zur Begrünung der Fertig-Müllbox.

Der Garten hinter dem Haus

Zweifellos ist der Garten hinter dem Haus der Bereich, in dem man sich häufiger aufhält als im Vorgarten. Bei der Planung entscheidet vor allem die Nutzung durch die Bewohner, wie die Anlage aussehen soll. Aber auch der Zuschnitt des Grundstückes und lokale Besonderheiten wie etwa Licht- und Schattenverteilung im Garten sind bestimmende Faktoren. Die nachfolgenden Beispiele gehen von unterschiedlichen Bedingungen aus. Es gibt Beispiele für Nutz- und Ziergärten sowie einen Mix aus beiden, solche für sonnige und andere für schattige Gärten. Manche Entwürfe sind für schmale, in die Länge gezogene Grundstücke, andere für Reiheneckhäuser, die neben dem handtuchbreiten Stück hinter dem Haus auch noch seitlich Fläche für die Gestaltung zur Verfügung haben. Natürlich sind die Anregungen auch auf andere Ausmessungen übertragbar, wenn man sie geringfügig modifiziert. Unsere Detaillösungen zeigen z. B. das Pflanzen einer Blütenhecke oder die Begrünung einer Fertig-Müllbox aus Beton. Die meisten Reihenhäuser haben rechteckig geschnittene Gärten hinter dem Haus. Dies ermöglicht eine ausgewogene Konzeption, bei der man die gesamte Grundfläche nutzen kann, ohne fehlende Ecken kaschieren zu müssen. Durch die lang gestreckte Gestalt ist eine Unterteilung in verschiedene „Gartenräume" sinnvoll, besonders bei extrem langen Grundstücken, die leicht den Charakter einer Rennstrecke annehmen. Als Gliederungselemente können Hecken, Spaliere oder Pergolen, aber auch kleine Erdwälle, einzelne Gehölze oder ein Gartenteich dienen. Wird ein Teil des Grundstückes abgesenkt, zum Beispiel als Grill- und Partyplatz, dann wird der Garten ebenfalls in einzelne, auch durch ihre Funktion und Nutzung voneinander unterschiedene Gartenräume aufgeteilt. Durch eine geschickte Bepflanzung erreicht man eine vielschichtige Wirkung, ohne dass der Garten an Großzügigkeit und souveräner Ausstrahlung verliert.

Rosenparadies im Reihenhausgarten

Einen heißen Sommernachmittag einfach mal so verbummeln, im Schatten unter einem Baum sitzen und sich den feinen Duft

Englischer Rosen um die Nase wehen lassen – wer hat nicht schon einmal davon geträumt... Wenn der Garten genug Sonne bekommt, kann auch in einem kleinen Reihenhausgarten ein wahres Rosenparadies entstehen. Natürlich gehört ein Rosenbeet dazu, in dem die Lieblingssorten stehen. Kluge Köpfe achten darauf, dass sie Beetrosen nicht nur nach der Blütenfarbe auswählen, sondern auch nach dem Wuchs

Pflanzschlüssel für den Rosengarten:

1 Blutroter Hartriegel
   (Cornus sanguinea)
2 Deutzie (Deutzia gracilis)
3 Englische Rose (z. B. Rosa 'Glamis
   Castle', 'Abraham Darby' o. a.)
4 Kletterrose (Rosa 'Mme. Alfred
   Carrière')
5 Lavendel (Lavandula angustifolia)
6 Ligusterhecke (Ligustrum vulgare)
7 Perückenstrauch (Cotinus coggygria 'Royal Purple')
8 Pfaffenhütchen
   (Euonymus europaeus)
9 Rambler-Rose (Rosa 'Bobby James')
10 Ranunkelstrauch (Kerria japonica)
11 Trompetenwinde
   (Campsis radicans)
12 Weigelie (Weigela-Hybride)
13 Weißbunter Blütenhartriegel
   (Cornus florida 'Welchii')
14 Federmohn (Macleaya cordata)
15 Hornkraut
   (Cerastium tomentosum)
16 Perlpfötchen, Staudenimmortelle
   (Anaphalis margaritacea)
17 Purpurglöckchen (Heuchera
   micrantha 'Palace Purple')
18 Purpursonnenhut
   (Echinacea purpurea)
19 Rittersporn (Delphinium-Bella-
   donna-Hybride 'Atlantis')
20 Salbei (Salvia nemorosa
   'Ostfriesland')
21 Sonnenhut (Rudbeckia fulgida
   var. sullivantii 'Goldsturm')

und vor allem danach, ob sie öfter blühend sind oder die Pracht einmalig ist.

Viele einmal blühende Sorten bringen nach der Hauptblüte im Frühsommer nur noch vereinzelte oder gar keine Blüten mehr hervor. Solche Sorten haben im Hintergrund der Rabatte ihren Platz. Die Sorten der öfter blühenden Englischen Rosen mit ihren pastellfarbenen, oft schalenförmigen Blüten eignen sich hervorragend dazu, miteinander kombiniert zu werden. Sie vereinen den Charme alter Rosen mit der Farbenvielfalt und Blühfreudigkeit moderner Teehybriden. Man erhält diese Züchtungen, die seit den siebziger Jahren immer beliebter wurden, inzwischen auch in gut sortierten deutschen Baumschulen und über den Versand. Sieht man zu Füßen der edlen Rosen allerdings nur nackte Erde, wirkt das Beet etwas steril. Niedrige Stauden oder auch Bodendeckerrosen halten nicht nur die Feuchtigkeit besser im Boden, sie steigern bei richtiger Auswahl auch die Wirkung der Rosenblüten und sorgen für Leben im Beet, auch wenn gerade mal keine Rose blüht.

Viele Kletterrosen sind leider nur einmal blühend. Es gibt aber ruhmreiche Ausnahmen. So ist die rosafarbene 'New Dawn' ein sehr ausdauernder Blüher. Auch die cremeweiße 'Mme. Alfred Carrière' erfreut lange mit ihrer Blütenpracht, wenn man Verblühtes immer gleich ausschneidet. Zahlreiche kleine, cremeweiße, duftende Blüten bringt im Frühsommer die Rambler-Rose 'Bobby James' hervor. Sie ist nur einmalblühend, hat aber die schöne Eigenschaft vieler Rambler-Rosen, dass man sie in lichte oder abgestorbene Bäume ranken lassen kann. Ihre Triebe werden bis zu neun Meter lang. Damit sie genug Feuchtigkeit und Nährstoffe bekommen, sollte man sie nicht zu dicht in die Nähe des Baumstammes setzen. Ein nach unten offener, großer Eimer mit reichlich humoser Erde, der im Boden eingelassen wird, sichert der Rambler-Rose einen guten Start,

Oben: Purpurglöckchen-Arten mit rotbraunen Blättern passen gut mit creme- und rosafarbenen Rosen zusammen. Schleierkraut oder Perlpfötchen kontrastieren dazu besonders schön.

Rechts: Eine prächtige Solitärstaude, aber auch schön in bunt gemischten Rabatten: Rittersporn zieht immer wieder alle Blicke auf sich.

Pflanzschlüssel für den pflegeleichten Reihenhausgarten:

1. Bergwaldrebe (*Clematis montana* var. *rubens;* rosa)
2. Blumenhartriegel (*Cornus kousa* 'Snowboy'; weiß)
3. Fünffingerkraut (*Potentilla fruticosa* 'Abbotswood'; weiß)
4. Lebensbaum-Hecke (*Thuja occidentalis* 'Brabant')
5. Tulpenmagnolie (*Magnolia* x *soulangeana*)
6. Strauchpfingstrose (*Paeonia suffruticosa;* rosa)
7. Weißbunter Efeu (*Hedera helix* 'Adam')
8. Weißbunter Eschenahorn (*Acer negundo* 'Variegatum')
9. Winterjasmin (*Jasminum nudiflorum*)
10. Zierquitte (*Chaenomeles speciosa* 'Phyllis Moore'; rosa)
11. Bergenie (*Bergenia*-Hybride 'Admiral')
12. Diamantgras (*Achnatherum brachytrichum*)
13. Elfenblume (*Epimedium pinnatum;* gelb)
14. Fingerhut (*Digitalis purpurea* 'Excelsoir Hybriden')
15. Funkie (*Hosta undulata* 'Albo-marginata'; weiß gerandet)
16. Prachtspiere (*Astilbe*-Arendsii-Hybride 'Glut'; rot)
17. Storchschnabel (*Geranium macrorrhizum* 'Spessart'; rosa)
18. Straußfarn (*Matteucia struthiopteris*)
19. Weißbunte Japansegge (*Carex morrowii* 'Variegata')

Tor

Weg

2

gepflasterter Sitzplatz

Weg

Rasen

Spalier

Terrasse

LK

ohne dass die Baumwurzeln mit ihr in Konkurrenz treten können. Für unser Beispiel wurde die Rambler-Rose in einen rotblättrigen Perückenstrauch gelenkt. Perückensträucher wachsen nicht so schnell und werden nicht so hoch, weshalb sie sich gut für den Reihenhausgarten eignen. Man sollte die Rose allerdings erst dann pflanzen, wenn der Strauch eine gewisse Größe hat, denn sie erobert ihn innerhalb von nur zwei Jahren. Wer es allerdings nicht abwarten kann, wählt statt des Perückenstrauches eine Bluthasel, die ebenfalls rotes Laub hat, aber wesentlich starkwüchsiger ist. Ob die Rose dann allerdings noch mitkommt oder im Blättermeer versinkt, ist fraglich.

Pflegeleichter Reihenhausgarten im formalen Stil

Ganz ohne Pflege kommt kein Garten aus. Man kann jedoch schon bei der Anlage berücksichtigen, dass pflegeleichte Gehölze, die keinen alljährlichen Rückschnitt brauchen und immergrüne Bodendecker für ein ganzjährig attraktives Gartenbild sorgen. In unserem formal gestalteten Beispielgarten blühen im Frühjahr die Ziersträucher und der Magnolienbaum, im Sommer spenden sie Schatten und Sichtschutz. An einem Spalier zum Nachbargarten schmückt sich die Bergwaldrebe üppig mit rosafarbenen Blüten, bevor sie dann für den Rest des Sommers mit ihrem Laub einen grünen Vorhang bildet. Ein kleiner Sitzplatz wird auf diese Weise diskret abgeschirmt. Wer es mag, kann mit Kübelpflanzen zusätzliche Akzente setzen. Statt eines Staudenbeetes

wurde nahe der Terrasse ein Beet mit Seggen, einem mittelhohen Ziergras, einer Funkie und einer Strauchpäonie platziert. Die immergrüne Segge sorgt ganzjährig für eine Bodenbedeckung, während die anderen Pflanzen dezent den Wechsel der Jahreszeiten anzeigen, ohne dass man viel an ihnen herumschneiden muss. Die Strauchpäonie setzt im Frühjahr mit ihren leuchtend rosa Blütenschalen einen deutlichen Farbakzent. Im Spätsommer schmückt sich das Diamantgras mit aparten Blütenrispen und im Herbst leuchten die Blätter der Funkie im Vergehen noch einmal goldgelb auf. Die ledrigen Blätter der Bergenie färben sich im Winter braunrot. Daneben klettert an einer Mauer zum Nachbarn hin ein ganzjährig attraktiver, weißbunter Efeu (*Hedera helix* 'Adam') mit herzförmigen Blättern empor. Diese Sorte ist mäßig wüchsig und daher recht gut im Zaum zu halten. Natürlich muss auch in einem pflegeleichten Garten einmal jährlich die Hecke geschnitten

werden. Wem das zuviel Arbeit ist, der kann alternativ auf einen formschönen Zaun ausweichen. Um das Rasenmähen kommt man ebenfalls nicht herum, aber statt den Rasenschnitt zusammenzuharken, gibt es eine sinnvolle und arbeitssparende Ausweichmöglichkeit: Mit einem modernen Mulchmäher wird das Schnittgut gleich wieder als wertvoller Dünger verteilt und braucht nicht abgeharkt zu werden. Mulchmäher sind aber nur dann empfehlenswert, wenn die Rasenfläche nicht von Kindern oder Haustieren zum Spielen benutzt wird, denn sonst tragen sie die Rasenschnittkrümel unfreiwillig ins Haus.

Ein Schattengarten mit Blütenhecke

Hecken und Gebäude sowie hoch aufgeschossene Koniferen in den Nachbargärten können manchen Gärtner zum Verzweifeln bringen: Schatten, nichts als Schatten auf den Beeten. Allein an der hin-

Links: Die großen, schalenförmigen Blüten der Strauchpfingstrose setzen im Frühjahr einen deutlichen Akzent. Später schmückt das attraktive, gefingerte Laub bis weit in den Sommer hinein das Beet.

Pflanzschlüssel für den Schattengarten:

1 Deutzie (*Deutzia* x *magnifica*)
2 Eibenhecke (*Taxus* x *media* 'Hicksii')
3 Flieder (*Syringa vulgaris*)
4 Gemeiner Schneeball
   (*Viburnum opulus*)
5 Hortensie (*Hydrangea macrophylla*)
6 Kamelie (*Camellia japonica* 'Hagoromo'; zartrosa)
7 Kolkwitzie (*Kolkwitzia amabilis*)
8 Kupfer-Felsenbirne
   (*Amelanchier lamarckii*)
9 Rhododendron, weiß
   (z. B. *Rhododendron*-Hybride 'Loderi King George')
10 Säuleneibe (*Taxus baccata fastigiata* 'Aureomarginata')
11 Scheinhasel (*Corylopsis spicata*)
12 Spierstrauch
   (*Spiraea*-Hybride 'Arguta')
13 Zaubernuss
   (*Hamamelis mollis* 'Pallida')
14 Zierquitte (*Chaenomeles* x *superba* 'Andenken an K. Ramcke'; rot)
15 Zwergschneeball
   (*Viburnum* x *burkwoodii*)
16 Bergenie (*Bergenia cordifolia*)
17 Blaublattfunkie
   (*Hosta sieboldiana* 'Elegans')
18 Eisenhut (*Aconitum napellus*)
19 Gefleckte Taubnessel
   (*Lamium maculatum* f. *album*)
20 Japananemone
   (*Anemone Japonica*-Hybride 'Honorine Jobert'; weiß)
21 Japansegge
   (*Carex morrowii* 'Variegata')
22 Kaukasus-Vergissmeinnicht
   (*Brunnera macrophylla*)
23 Lanzenfunkie (*Hosta lancifolia*)
24 Prachtspiere (*Astilbe*-Arendsii-Hybride 'Hyazinth'; lila)
25 Scharlachfuchsie
   (*Fuchsia magellanica* 'Gracilis')
26 Straußfarn
   (*Matteuccia struthiopteris*)
27 Frauenmantel (*Alchemilla mollis*)
28 Glockenblume (*Campanula lacti-flora* 'Loddon Anna'; blau)
29 Fingerhut (*Digitalis purpurea* 'Foxy'; Farbmischung)

teren Grundstücksgrenze gibt es ausreichend Licht, doch gerade dort möchte man einen Sichtschutz aus Gehölzen, die auch etwas vom Lärm der Straße abschirmen sollen. Gewiss wird sich hier nicht so leicht ein Blütenparadies anlegen lassen. Dennoch ist durchaus eine interessante und abwechslungsreiche Bepflanzung möglich. Mit etwas Geschick gelingt es sogar, ein lauschiges Plätzchen im Grünen zu zaubern, wo man an heißen Sommertagen die Nachmittage verdösen kann.

Mit Entschlossenheit wurde die hintere Grundstücksgrenze mit Blütensträuchern bepflanzt, die alljährlich – jeweils der Art entsprechend im Frühsommer oder im Winter – zurückgeschnitten werden, damit sie dicht bleiben und üppig blühen. Wenn sie nicht zu hoch wachsen, kann immer noch so viel Licht in den Garten einfallen, dass vor einer Eibenhe-

cke einige Blütenstauden wachsen. Bewusst wurden Arten wie Eisenhut und Glockenblume gewählt, die schattenverträglich sind.

Der Sitzplatz wird von echten Schattenstauden eingerahmt, nämlich Astilben, Japananemonen und den winterharten Scharlachfuchsien. Immergrüne Rhododendron-Hybriden und Koniferen setzen an markanten Punkten Akzente. Eine frostharte Kamelie kommt bestens mit ihrem „Schattendasein" zurecht, solange der Boden nur sauer und feucht genug ist. Sie hat ganz ähnliche Ansprüche wie Rhododendren und Azaleen, sie steht gern in kalkfreien Böden. Da in schattigen Lagen der Boden ohnehin oft versauert, trifft sich diese Vorliebe ganz gut mit der vorgefundenen Situation. Mit sauer wirkenden Düngergaben nach der Blüte bis in den Sommer hinein wird sie zur Produktion

Oben: Die fliederfarbenen Prachtspieren (Astilben) harmonieren bestens mit den kleinen purpurroten Blüten der in den meisten Regionen voll frostharten Scharlachfuchsie *(Fuchsia magellanica)*.

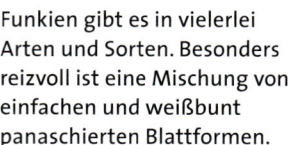

Funkien gibt es in vielerlei Arten und Sorten. Besonders reizvoll ist eine Mischung von einfachen und weißbunt panaschierten Blattformen.

Die schönsten Schattenstauden

Art	Standort	Höhe (cm)	Blütenfarbe	Blütezeit (Monat)	Sonstiges
Eisenhut (*Aconitum x arendsii*)	halbschattig bis schattig	110	dunkelblau-violett	IX–X	alle Pflanzenteile sind giftig
Eisenhut (*Aconitum napellus*)	halbschattig bis schattig	120	tiefes, stumpfes Blau	VII–VIII	alle Pflanzenteile sind giftig
Berg- oder Strahlenanemone (*Anemone blanda*)	halbschattig bis schattig	15	blau, violett oder weiß (verschiedene Sorten im Handel)	III–IV	kleines, voll frosthartes Knollengewächs, an ungestörten Plätzen verwildernd
Japananemone (*Anemone Japonica-Hybriden*)	halbschattig	bis 100–120	weiß oder rosa; auch halbgefüllte Sorten	VIII–X	von den verschiedenen Sorten neigen manche zum Wuchern
Waldgeißbart (*Aruncus dioicus*)	halbschattig bis vollschattig	100–120	cremeweiß	VI–VII	dekorativ gfiederte Blätter; nur für feuchte, humose Böden
Prachtspiere (*Astilbe-Arendsii-Hybriden*)	halbschattig bis schattig	70–100	weiß, rosa, lila, purpurrot	VI–VIII	bei ausreichender Feuchtigkeit gedeihen Astilben auch in der Sonne.
Zwerg-Prachtspiere (*Astilbe chinensis var. pumila*)	halbschattig bis schattig	25	lila	VI–VIII	für Pflanzungen unter Gehölzen geeignet; verträgt eher Trockenheit und Sonne als andere Arten
Lanzensilberkerze (*Cimicifuga cordifolia*)	halbschattig zwischen Gehölzen	bis 150	weiß	VIII–IX	blüht erst einige Jahre nach dem Setzen; Blüten müssen gestützt werden
Juli-Silberkerze (*Cimicifuga racemosa var. racemosa*)	halbschattig zwischen	bis 180	weiß	VI–VIII	wenig verzweigte, leicht überhängende Blütenkerzen
Roter Fingerhut (*Digitalis purpurea*)	halbschattig bis schattig	60–180	weiß, rosa, rot, purpur; die Sorte *D. grandiflora* blüht gelb	VI–VII	kurzlebige Staude; alle Pflanzenteile sind giftig
Himalaja-Wolfsmilch (*Euphorbia griffithii*)	halbschattig	40–60	orangerot	V–VI	für feuchte Böden
Christrose (*Helleborus niger*)	halbschattig bis schattig	40–50	weiß	IX–IV	wintergrüne, Kalk liebende Staude
Frühlings-Platterbse (*Lathyrus vernus*)	halbschattig bis schattig	30	rotviolett	IV–V	horstige Blütenstaude, die gern von Bienen besucht wird
Türkenbundlilie (*Lilium martagon*)	halbschattig	bis 150	rosapurpur	VI	heimische Lilienart
Lilientraube (*Liriope muscari*)	halbschattig bis schattig	30	violett	VIII–X	horstbildende, immergrüne Staude
Salomonssiegel (*Polygonatum multiflorum*)	halbschattig bis schattig	60	weiß	V–VI	einheimische Waldstaude
Schattenblume (*Smilacina racemosa*)	halbschattig bis schattig	bis 100	weiß	V–VI	für kalkfreie, feuchte Böden
Schaumblüte (*Tiarella cordifolia*)	halbschattig bis schattig	20	cremeweiß	IV–V	als Bodendecker für lichten Schatten geeignet; schöne Laubfärbung im Winter

Oben: Die recht populäre Kräuterspirale ermöglicht es, auf sehr geringem Raum eine Vielzahl von Kräutern mit den unterschiedlichsten Ansprüchen zu kultivieren.

neuer Blütenknospen und glänzender, dunkelgrüner Blätter angeregt. Achten Sie aber beim Kauf darauf, dass die ausgewählte Sorte wirklich frosthart bis −20 °C ist. Weniger frostharte Sorten müssen im Winter mit einem Reisigmantel und einer Mulchschicht geschützt werden.

Gärtnern mit einheimischen Gewächsen

Mit der zunehmenden Verstädterung der Landschaft, besonders in Ballungsgebieten, gehen immer mehr ursprüngliche Lebensräume für Wildtiere, aber auch für einheimische Pflanzen verloren. Die kultivierte Landschaft der Gärten, Parks und anderer städtischer Freiflächen wird vorwiegend mit durch Zucht und Auslese veränderten Pflanzenarten bestückt. Die von Gärtnereien und Baumschulen angebotenen Arten und Sorten vieler Gehölze, Stauden und Einjähriger haben nicht nur oft eine längere Blütezeit und größere, farbenprächtigere Blüten als einheimische Arten, sie sind auch wesentlich anpassungsfähiger an verschiedene Standorte. Es ist verständlich, dass man auf solche dem Willen des Gärtners leichter zu unterwerfende Gewächse ausweicht.
Heimische Gewächse sind dagegen recht wählerisch in ihren Ansprüchen. Nur dort, wo ihnen die richtige Bodenzusammensetzung, das entsprechende Licht und weder zu viel noch zu wenig Feuchtigkeit zur Verfügung stehen, werden sie gedeihen. Daher ist es auch so schwierig, sie bewusst für die Gartengestaltung einzusetzen. Wo es ihnen jedoch behagt, säen sich Einjährige im-

mer wieder selbst in unterschiedlicher Zusammensetzung aus, sodass jedes Jahr neue Gartenbilder entstehen. Wildstauden bilden mit der Zeit dichte Horste oder kleine Kolonien, die dann besonders intensiv wirken. Ähnlich attraktiv wie Wildstauden sind für heimische Tiere robuste Wildrosen statt der modernen, krankheitsanfälligen Hybridzüchtungen und einjährige Bienenweidepflanzen wie Schafgarbe, Katzenminze oder Bienenfreund (Phacelia) und natürlich Trockenmauern.
Ohne Mörtel aufeinander geschichtete, niedrige Mäuerchen aus Feldsteinen, aber auch aus alten Ziegeln oder Betonsteinen, bieten Tieren Unterschlupf und erlauben die Ansiedlung von Pflanzen, die sich auf diesen Lebensraum spezialisiert haben. Für unseren Beispielgarten wurde eine solche niedrige, kaum 50 cm hohe und nach Süden ausgerichtete Trockenmauer als Abgrenzung zum Nutzgarten hin aufgeschichtet. Dahinter wurde Erde (das kann z. B. der Aushub aus dem Teich sein) zu einem flachen Hang aufgefüllt. Eine Strauch-Kronwicke, die gern trockene Füße hat, wurde als Blickfang und Schattenspender obenauf gesetzt. Wenn der Boden mager ist oder mit Sand durchlässiger gemacht wird, werden viele Magerrasenpflanzen auf solch einem Hang ein Zuhause finden. Wichtig ist, dass der Hang, der ja in diesem Fall nach Norden hin abfällt, nicht zu steil ist, damit er genügend Sonnenlicht bekommt. Wer kein festes Bild von der Artenzusammensetzung hat, kann der Natur vertrauen und auf einen Anflug von Wildsamen warten. Eine Naturwiese mit Gräsern, Blumen und Kräutern ent-

Pflanzschlüssel für den Naturgarten:

1 Gemeine Felsenbirne (*Amelanchier ovalis*)
2 Himbeere (*Rubus*-Sorten)
3 Hundsrose (*Rosa canina*)
4 Jelängerjelieber (*Lonicera caprifolium*)
5 Kletternde Kriechrose (*Rosa arvensis*; weiß)
6 Kornelkirsche (*Cornus mas*)
7 Liguster (*Ligustrum vulgare*)
8 Pfaffenhütchen (*Euonymus europaeus*)
9 Rote Johannisbeere (*Ribes*-Sorten)
10 Schlehe (*Prunus spinosa*)
11 Schwarze Johannisbeere (*Ribes*-Sorten)
12 Schwarzer Holunder (*Sambucus nigra*)
13 Stachelbeere (*Ribes*-Sorten)
14 Strauch-Kronwicke (*Coronilla emerus*)
15 Weinrebe (*Vitis vinifera*)
16 Weißdorn (*Crataegus monogyna*)
17 Brunnenkresse (*Nasturtium officinale*)
18 Kapuzinerkresse (*Tropaeolum majus*)
19 Sumpfdotterblume (*Caltha palustris*)
20 Zwergrohrkolben (*Typha minima*)

steht im Laufe eines Jahres ganz von selbst, wenn man Brachflächen als solche belässt. Soll es kein Zufall bleiben, welche Arten sich ansiedeln, kann man auf Blumenrasenmischungen aus dem Samenhandel zurückgreifen. Sie enthalten oft bis zu 80 Prozent Volumenanteil verschiedene Gräser. Die einzelnen Blumen- und Kräuterarten sollte man sich je nach Standort und Klima individuell zusammenstellen lassen. Andere Wiesenpflanzen können nachträglich als Setzlinge dazugepflanzt werden. Zunächst werden zwar fast alle der ausgesäten Pflanzen erschei-

nen, aber nach kurzer Zeit reduziert sich das Artenspektrum auf diejenigen, für die der Standort optimal ist. Wird die Wiese nicht zu oft betreten und zweimal im Jahr abgemäht, bildet sie ein optisch attraktives, abwechslungsreiches Bild und gleichzeitig eine Oase für Nahrung suchende Insekten. Sie werden staunen, wie viele Schmetterlingsarten, die Sie schon lange nicht mehr gesehen haben, sich plötzlich in Ihrem Garten tummeln!

Eine ideale Verbindung zwischen Zier- und Nutzgarten ist die Kräuterspirale hinter dem Teich. Wie eine Schnecke windet sie sich von der untersten Ebene, die sich bis zum Teichufer hinabsenkt und mit Brunnenkresse bepflanzt wird, hin zur trockenen, geradezu mageren Spitze, wo echte Hungerkünstler wie Thymian oder Bergbohnenkraut Platz finden. Mit jeder Windung der Spirale nach oben nimmt der Gehalt an Nährstoffen und die Bodenfeuchtigkeit ab. Licht- und Schattenbereiche wechseln einander ab. Da-

durch kann man ganz verschiedene Küchen-, Tee- und Heilkräuter nah beieinander anpflanzen und dennoch auf die speziellen Bedürfnisse der Pflanzen eingehen. Optisch korrespondiert die Kräuterspirale hervorragend mit der Trockenmauer und beide bieten zum Naturteich einen genauso schönen Kontrast wie zu den Wildrosen, die im Hintergrund gepflanzt wurden.

Im Nutzgarten wurden ertragreiche Beerensträucher gesetzt und zum Nachbargrundstück schirmt eine Hecke aus Himbeerruten die Blicke ab. Ein Hügelbeet mit Süd-Nord-Ausrichtung sorgt mit seiner unglaublichen Fruchtbarkeit dafür, dass auch auf kleinem Raum eine Vielzahl frischer Gemüsesorten heranreifen kann. Ein Weidengeflechtzaun schirmt den Komposthaufen vor Blicken ab. Im Sommer wird Kapuzinerkresse daneben gesetzt, damit sich die Ranken dekorativ durch das Geflecht winden und den Zaun zum Blühen bringen. Eine größere Rasenfläche – es darf ruhig einmal

ein Gänseblümchen darin blühen – steht für Kinderspiel und Gartenfeste zur Verfügung. Wer lieber den Nutzgarten ausweiten möchte, kann dort aber auch Gemüsebeete anlegen. Eine Blütenhecke aus einheimischen Gehölzen begrenzt das Grundstück am hinteren Rand und zum Teil auch zu den Nachbargärten. Weiterer Sichtschutz bieten Spaliere oder Pergolen, die mit Jelängerjelieber, wilden Kletterrosen oder der sehr wüchsigen Gemeinen Waldrebe (Clematis vitalba) berankt werden können.

Als natürlicher Sonnenschutz ist eine Pergola mit echtem Wein (Vitis vinifera) über der Terrasse bestens geeignet, das Angenehme mit dem Nützlichen zu verbinden. Auch für etwas kühlere Regionen eignet sich z. B. die Tafeltraubensorte 'Aurora'. An sonnigen, geschützten Stellen der meisten Regionen ist der Anbau auch anderer Rebsorten oftmals möglich. Das Spritzen pflanzenstärkender biologischer Mittel beugt Pilzkrankheiten vor. Wer

Rechts: Es müssen nicht immer prächtige Zuchtstauden sein. Auch mit Wildstauden lassen sich schöne Arrangements komponieren – vorausgesetzt, die Pflanzen fühlen sich am Standort wohl. Hier wurde Weidenblättriger Alant mit Deutschem Ziest und Knorpelmöhren kombiniert.

Bienenweidepflanzen

Unter den oft prächtig blühenden Stauden und Einjährigen im handelsüblichen Sortiment gibt es viele Arten und Sorten, die für die heimische Insektenwelt praktisch wertlos sind. Manche Blüten haben zum Beispiel eine ungünstige Form, was den Insekten den Zugang zu den Staubgefäßen erschwert. Alle gefüllten Blüten machen den Bienen einen Zugang praktisch unmöglich. Manche eingeführte Pflanzenart ist sogar für einheimische Insekten giftig. Daher werden an dieser Stelle einige Bienenweidepflanzen vorgestellt, die von Nutzinsekten bevorzugt aufgesucht werden. Nicht alle Gewächse sind wirklich einheimisch, manche jedoch seit längerem eingebürgert und auch verwildert in der Natur anzutreffen.

Art	Standort	Höhe (cm)	Blütenfarbe	Blütezeit	Sonstiges (Monat)
Schafgarbe (*Achillea*)	sonnig, trockene, magere Böden	60–120	weiß, gelb, rosa, rot, orange	VI–VIII	Wild- und Schmuckstauden
Günsel (*Ajuga*)	sonnig bis schattig	15–20	blau oder weiß	V–VI	Bodendecker, auch für schattige Lagen und schwere Böden
Steinkraut, Steinkresse (*Alyssum*)	vollsonnig in mageren, gut dränierten Böden	15–30	gelb	IV–V	Steingarten- und Polsterstaude
Buschwindröschen (*Anemone nemorosa*)	halbschattig bis schattig	30	weiß, rosa	V–VI	im Frühjahr blühende Arten werden als erste Weidepflanzen besonders geschätzt
Sommerflieder (*Buddleia davidii*)	vollsonnig in gut dränierten Böden	bis 300	weiß, violett, purpur	VII–VIII	stammt aus China, häufig auf Brachen anzutreffen. Zieht Schmetterlinge an.
Flockenblumen, Kornblumen (*Centaurea*)	sonnig in durchlässigen Böden	20–70	rosa, blau, violett, gelb	VI–VII	Korbblütler mit attraktiven Blüten
Lerchensporn (*Corydalis*)	halbschattig bis schattig	30	weiß, lila, blau	IV–V	im Frühjahr blühende Knollenpflanze
Karden (*Dipsacus*)	sonnig in nicht zu trockenen Böden	60–150	violett	VII–VIII	große, auffällige zweijährige Pflanzen
Wicken, Platterbsen (*Lathyrus*)	sonnig	30–200	weiß, rosa, rot, blauviolett	IV–VI	häufig rankende, hübsch blühende Schmetterlingsblütler
Geißblatt (*Lonicera*)	sonnig bis halbschattig, rankende Arten an Pergola oder Spalier	100–600	gelb, rosaweiß, rötlich	VI–X	z. T. heimische Gehölze, die häufig ranken
Katzenminze (*Nepeta*)	sonnig	25–60	blauviolett, weiß	V–IX	außer den heimischen Arten ziehen auch Zuchtsorten Bienen an.
Nachtkerzen (*Oenothera*)	sonnig, bevorzugt sandige Böden	20–70	gelb, auch rosa	VI–X	teilweise aus Amerika eingebürgerte Arten, die vor allem Nachtfalter anziehen.
Primeln (*Primula*)	sonnig bis halbschattig in feuchten Böden	25–50	alle Farben, vor allem Gelb- und Rosatöne	IV–V	alle Arten, auch die als bunte Frühlingsprimeln im Handel erhältlichen Hybriden (besonders die gelben), ziehen Bienen an
Hundsrose (*Rosa canina*)	sonnig	250	rosa	V–VI	hübsch blühende, aber sehr stachelige Heckenpflanze
Salbei (*Salvia*)	sonnig in gut dränierten Böden	40–70	blau, rosa, weiß	V–VI	heimische Arten und Zuchtsorten sind Bienenmagneten

Bienenweidepflanzen (Fortsetzung)

Art	Standort	Höhe (cm)	Blütenfarbe	Blütezeit (Monat)	Sonstiges
Ziest (*Stachys*)	sonnig	20–60	purpurrosa	V–VI	alle blühenden Ziest-Arten, die sich gut als Bodendecker für sonnige Standorte eignen, locken Insekten an
Thymian (*Thymus*)	sonnig in gut dränierten Böden	5–25	rosa, auch weiß	VI–VII	wie die meisten mediterranen Kräuter ist Thymian eine von Insekten begehrte Weidepflanze
Königskerze (*Verbascum*)	sonnig, in gut dränierten Böden	100–200	gelb, auch rosa und weiß	VI–VIII	imposante, kurzlebige Stauden

den Naturgarten-Gedanken nicht ganz so konsequent verfolgt, kann auch eine der großblütigen Waldreben-Hybriden, eine Berg-Waldrebe (*Clematis montana*), Blauregen (*Glyzine*) oder andere blühfreudige Klettermaxen pflanzen, die dann im Frühsommer einen deutlichen Farbakzent setzen.

Ein Garten für die ganze Familie

Wenn man junge Familien nach ihrem Idealgarten fragt, bekommt man wahrscheinlich von jedem Familienmitglied eine andere Antwort: Die Kinder wünschen sich einen Rasen, auf dem man herumtoben darf und eine Wildnis, wo man Hütten bauen oder Verstecken spielen kann; mancher Elternteil hofft auf eine stille Ecke für die Hängematte oder Gartenbank, in die man sich gelegentlich von der Welt zurückziehen kann. Eine Grillecke, wo abends die ganze Familie gemütlich sitzt und schmaust ist schon fast obligatorisch. Und die Dame des Hauses besteht auf Lavendel-

und Rosenduft. Kann man das in einem Reihenhausgarten alles unter einen Hut bringen? Gewiss sind bei manchen Vorstellungen Abstriche zu machen, aber tatsächlich geht mit einer geschickten Planung mehr, als man denkt. Und für ein Hochbeet mit frischem Gemüse und Kräutern ist auch noch Platz –

Pflanzschlüssel für den Familiengarten:

1 Berg-Waldrebe (*Clematis montana* 'Pink Perfection')
2 Deutzie (*Deutzia* x *hybrida*)
3 Feldahorn (*Acer campestre* 'Schwerinii')
4 Flieder (*Syringa vulgaris*)
5 Himbeeren (*Rubus*-Sorten)
6 Johanniskraut (*Hypericum calycinum*)
7 Kletterrose (*Rosa* 'Gloire de Dijon'; rosa)
8 Kolkwitzie (*Kolkwitzia amabilis*)
9 Kugelakazie, Hochstamm (*Robinia pseudoacacia* 'Umbraculifera')
10 Lavendel (*Lavandula angustifolia*)
11 Lebensbaum-Hecke (*Thuja plicata* 'Atrovirens')
12 Liguster (*Ligustrum vulgare*)
13 Pfeifenstrauch, Falscher Jasmin (*Philadelphus*-Hybride)
14 Rambler-Rose (*Rosa* 'Paul's Himalayan Musk'; rosa)
15 Schlingknöterich (*Fallopia aubertii*)
16 Sternmagnolie (*Magnolia stellata*)
17 Weigelie (*Weigela*-Hybride)
18 Wilder Wein (*Parthenocissus quinquefolia*)
19 Zitronenbäumchen (*Citrus limon*; Kübelpflanze)
20 Zwerg-Polyantharose (*Rosa* 'Katharina Zeimet'; rosaweiß)
21 Funkie (*Hosta* spec.)
22 Storchschnabel (*Geranium macrorrhizum*)
23 Wollziest (*Stachys byzantina* 'Silver Carpet')
24 Ysander (*Pachysandra terminalis*)

Links: In einem solchen mit etwas Geschick leicht selbst zu bauenden Nützlingskasten finden zahlreiche seltene und hilfreiche Insekten ein Zuhause.

vorausgesetzt, es findet sich jemand, der sich täglich darum kümmern möchte. Denn der übrige Garten ist außerordentlich robust und pflegeleicht. Wesentliche Arbeiten sind vor allem im Frühjahr und im Herbst zu erledigen, wenn die Gehölze zurückgeschnitten werden müssen und das Falllaub vom Rasen geharkt wird. Bei einem robusten Spielrasen reicht es, wenn alle 14 Tage der Mäher angeworfen wird. Bodendecker unterdrücken in den begrenzenden Beeten das Unkraut dauerhaft und halten die Feuchtigkeit im Boden. Ein ständiges Hacken und Jäten ist daher unnötig. Einzig die ausdauernd den ganzen Sommer über blühende, herrlich duftende Kletterrose 'Gloire de Dijon' muss gelegentlich einmal ausgeputzt werden, damit sich keine Pilze und andere Krankheiten ausbreiten können. Die teilweise mit einer Weinpergola überdachte Terrasse, die Wege und der Grillplatz wurden mit einem Belag aus hart gebrannten Klinkersteinen gepflastert. Zur Akzentuierung wurden auf den Wegen in regelmäßigen Abständen Querbänder aus hellgrauem Kunststein zwischengeschaltet. Der Grillplatz wurde etwa 40 cm tief abgesenkt. Dadurch und durch die Umpflanzung mit Lebensbaum und Blütengehölzen wurde eine intime Atmosphäre geschaffen, die dieses Gebiet vom restlichen Garten etwas absondert. An der einen Seite wurde mit den gleichen Klinkersteinen eine über die ganze Länge reichende Sitzbank gemauert. Mit ein paar Sitzkissen belegt bietet sie bei Grillpartys mehreren Personen Platz. Darüber streckt sich eine Rosenpergola mit der starkwüchsigen Rambler-Rose 'Paul's Himalayan Musk', die von einer Bergwaldrebe begleitet wird.

Die drei Kugelakazien-Hochstämmchen sind moderne, schwach wachsende Kleingehölze, die durch ihre kompakte Form zwar Struktur geben, aber den Garten auch auf längere Sicht hin nicht zu stark dominieren. Raschwüchsiger ist der Feldahorn, der den Kompostbereich beschattet. Die Sorte 'Schwerinii' wird jedoch auch im fortgeschrittenen Alter kaum höher als 8 m und breitet ihre Krone maximal 5 m aus. Jenseits der Pergola steht eine Bank mit Blick auf den Rasen für ruhige Mußestunden. Von dort aus kann man außerdem den im Sandkasten spielenden Nachwuchs nicht aus den Augen verlieren. Eingerahmt wird sie zur Linken von der rosaweißen, duftenden Zwerg-Polyantharose 'Katharina Zeimet' und einer Funkie und zur Rechten vom Storchschnabel *Geranium macrorrhizum*, der sich auch im Schatten von Gehölzen wohl fühlt. Ein höheres Nadelgehölz auf dem Nachbargrundstück wirft an dieser Stelle Schatten, weshalb ein duftender Pfeifenstrauch (*Philadelphus*-Hybride) die ideale Hinterpflanzung ist. Eine Holzlamellenwand, die mit Schlingknöterich schnell begrünt ist, bietet Sichtschutz zum Nachbarn. Neben der Terrasse steht eine Sternmagnolie, die zur Blütezeit im Frühling von bunten

Links: Ein zuverlässiger Bodendecker auch im Halbschatten: Der Ausläufer bildende Storchschnabel *Geranium macrorrhizum*.

Zwiebelgewächsen und fröhlichen Primeln begleitet wird. Blumenzwiebeln und Frühlingsprimeln sorgen auch in Töpfen und Schalen auf der Terrasse so lange für Farbe, bis die Zitruspflanze im Kübel aus dem Winterquartier wieder ihren Stammplatz einnimmt und von anderen Sommergästen in allerlei bunten Töpfen begleitet wird.

Ziergarten mit mediterranem Flair

Wie gern träumt man vom Mittelmeer und südlichen, sonnigeren Ländern, von den lauschigen Terrassen, wo einem unter weinberankter Pergola der Duft von Rosen und Lavendel um die Nase spielt, die Mittagspause einfach mal etwas länger dauern darf und alles etwas lässiger gehandhabt wird.... Sofern Ihre Terrasse und der Garten nach Süden oder Südwesten orientiert sind, können Sie sich etwas von dieser Stimmung nach Hause holen. Für unseren kleinen, nur 6,5 x 10 m großen Beispielgarten wurden zum großen Teil Sonnen liebende Gewächse mit mediterraner Herkunft bzw. entsprechendem Habitus ausgewählt. Im hinteren Bereich, wo eine Bank zum Entspannen und zur Lektüre einlädt, wurden Schatten spendende Blütensträucher platziert. Drei hohe, aber sehr schmal aufrecht wachsende Säulenwacholder stehen symbolisch für die in unseren Breiten meist nicht frostfesten echten Mittelmeer-Zypressen. Sie verdecken zusammen mit einer Berg- oder Krummholzkiefer *(Pinus mugo)* den Platz, der für den Komposthaufen vorgesehen ist. Alternativ können auch Säulen-Scheinzypressen gepflanzt werden.

Links: Die Provence-Rose 'Frédéric Mistral' ist eine starkwüchsige, öfterblühende Rose mit intensivem Duft, die gut als Solitär gesetzt werden kann.

Unten: Weinreben wachsen gut an geschützten Südwänden. Für raue Lagen gibt es besonders robuste Sorten.

Ein pflegeleichtes Staudenbeet, in dem helle Kalksteinbrocken Akzente setzen, wurde hauptsächlich mit graulaubigen Gewächsen bestückt. Für einen bunten Frühlingsflor können Blumenzwiebeln (Krokusse, Netziris, Reifrock- und Dichternarzissen usw.) dazwischen gesteckt werden. Sie bevorzugen gut dränierte, sommertrockene Standorte. Die Terrasse, die genauso wie die Wege mit rustikalen, frostfesten Terrakottafliesen belegt ist, wird von einer Pergola beschattet, an der in milden Gegenden echte

Weinreben und in weniger gesegneten Lagen der frostfestere Wilde Wein wachsen kann. Alternativ wäre auch eine Kiwipflanze oder eine Glyzine möglich. Breite Wege und die großzügige Terrasse bieten reichlich Platz, um im Sommer mediterrane Kübelpflanzen wie Oleander, Brautmyrte, Granatapfel, Lorbeer- oder Olivenbäumchen aufzustellen. Denken Sie aber daran, dass die meisten Kübelpflanzen im Winter einen kühlen, jedoch frostfreien hellen Raum zum Überwintern brauchen!

16

10

22

1

Kompost

Buchs-
kugel
im Topf

27

27

19

5

12

11

19

19

8

19

27

Kübel-
pflanze

26

11

20

15

25

18

Steine

8

3

14

24

23

2

18

11

9

6

19

14

7

13

20

14

Kübel-
pflanze

21

8

17

Kübel-
pflanzen

Kübelpflanze

8

4

Kübelpflanze

Kellertreppe

Mauer

LK

Pflanzschlüssel für den Ziergarten mit mediterranem Flair:

1 Bergkiefer (*Pinus mugo*)
2 Blauraute (*Perovskia*-Hybride)
3 Damaszenerrose (*Rosa damascena* 'Celsiana')
4 Echter Wein (*Vitis vinifera*)
5 Geißblatt (*Lonicera caprifolium*)
6 Heiligenkraut (*Santolina chamaecyparissus*)
7 Hohe Schwertlilie (*Iris germanica*)
8 Katzenminze (*Nepeta racemosa* 'Superba'; weiß)
9 Kletterrose (*Rosa* 'New Dawn')
10 Kolkwitzie (*Kolkwitzia amabilis*)
11 Lavendel (*Lavandula angustifolia*)
12 Schwärzlicher Liguster (*Ligustrum vulgare* 'Atrovirens')
13 Lilie (*Lilium*-Asia-Hybride)
14 Mauerpfeffer (*Sedum floriferum*)
15 Palmlilie (*Yucca filamentosa*)
16 Pfeifenstrauch (*Philadelphus*-Hybride)
17 Provencerose (*Rosa* 'Frédéric Mistral')
18 Sonnenröschen (*Helianthemum*-Hybriden)
19 Storchschnabel (*Geranium* x *cantabriginense* 'Biokovo')
20 Tripmadam (*Sedum reflexum*)
21 Walzenwolfsmilch (*Euphorbia myrsinites*)
22 Weigelie (*Weigela*-Hybride)
23 Weinraute (*Ruta graveolens*)
24 Wermut (*Artemisia absinthium*)
25 Wilder Wein (*Parthenocissus quinquefolia*)
26 Zitronenthymian (*Thymus citriodorus*)
27 Zypressen-Wacholder (*Juniperus scopulorum* 'Sky Rocket')

Unten: Die tief eingeschlitzten Blätter des japanischen Fächerahorns *Acer palmatum* 'Dissectum Atropurpureum' bleiben den ganzen Sommer über tief purpurrot.

Fernöstlich inspirierter Ziergarten

Kleine, eher schattige Reihenhausgärten stellen oft eine besondere Herausforderung dar. Obwohl man sich mit blickdichten Gehölzen von den Nachbarn etwas abgrenzen möchte, wird der Garten schnell zu dunkel und zu eng, besonders wenn man normale mitteleuropäische Laubgehölze oder immergrüne Koniferen pflanzt. Ständiges Zurückschneiden der rasch nachwachsenden Gehölze ist nicht nur arbeitsintensiv, sondern verdirbt, besonders bei Koniferen, auch die Form. Besser geeignet sind hier die fernöstlichen Ahornsorten (*Acer palmatum*-Sorten) mit schwachem Wuchs und Blütensträucher wie Zierquitte oder die japanische Zierkirsche *Prunus serrulata* 'Amanogawa', die straff säulenförmig aufragt. Durch regelmäßigen, aber nicht zu starken Rückschnitt blühen sie von Jahr zu Jahr reicher.

Auch immergrüne Koniferen und solch exotisch anmutende Gewächse wie Aukube, immergrünes Geißblatt und Skimmie sind eine ideale „Rückendeckung", wenn man sich mit attraktiven Pflanzen vor Blicken abschirmen möchte. Man sollte allerdings auf die Winterhärte der Pflanzen achten. In rauen Lagen sind manche, z. B. die Aukube, nicht ganz frostfest und brauchen einen Winter-

schutz. Zu Füßen der Schatten spendenden Gehölzen hat immer noch eine Sammlung Funkien in allen Grünschattierungen, mit und ohne helle Blattzeichnung, Platz. Sie brauchen keine Sonne, aber ausreichend Feuchtigkeit, um ihre schmucken Blätter voll zu entwickeln. Sie stammen, wie viele inzwischen in Europa etablierte Gartenpflanzen, aus Japan. Japanische Gärten be-

Ein niedriger Bambuszaun, dessen Elemente mit schwarzem Naturband zusammengebunden werden, setzt eine symbolische Grenze und ist zugleich ein Blickfang.

stechen weniger durch üppigen Blütenschmuck als durch das bewusste Kombinieren verschiedener Elemente unter Einbeziehung von Stein, Wasser und Holz. Wesentliche Aspekte fernöstlicher Gartengestaltung sind Natürlichkeit, Einfachheit und Durchsichtigkeit. Diesem Grundsatz entsprechen die Funkien perfekt, da sie als Blattschmuckstauden durch ihre elegante Form und die Textur der Blätter, weniger aber durch ihre eher unspektakulären Blüten wirken. Sie begleiten in unserem Beispiel ein Tsukubai, eine traditionelle japanische Wasserstelle, bestehend aus einem niedrigen Stein und einem Schöpflöffel aus Bambus für rituelle Waschungen. Ein Teich mit Trittsteinen aus naturbelassenem Steinmaterial sowie der Kiesbelag der Wege und ein selbstgeflochtener, symbolischer Bambuszaun sind typische Gestaltungselemente. Eine dekorative Steinlaterne an prominenter Stelle setzt einen besonderen Akzent, besonders, wenn sie an warmen Sommerabenden tatsächlich mit einem (Kerzen-)Licht

Pflanzschlüssel für den fernöstlich inspirierten Ziergarten:

1 Aukube
   (*Aukuba japonica* 'Crotonifolia')
2 Fächerahorn
   (*Acer palmatum* 'Corallinum')
3 Fächerahorn
   (*Acer palmatum* 'Linearilobum')
4 Funkie (*Hosta* spec.)
5 Genter (Pontische) Azalee
   (*Rhododendron luteum*)
6 Haarzypresse (*Chamaecyparissus pisifera* 'Filifera')
7 Immergrünes Geißblatt
   (*Lonicera sempervirens*)
8 Kamelie (*Camellia japonica*;
   im Kübel)
9 Rhododendron (*Rhododendron catawbiense*-Hybride)
10 Schlitzahorn, rot (*Acer palmatum* 'Dissectum Atropurpureum')
11 Skimmie (*Skimmia japonica*)
12 Strauchpäonie
   (*Paeonia suffruticosa*)
13 Zierkirsche (*Prunus serrulata* 'Amanogawa')
14 Zierquitte (*Chaenomeles* x *superba* 'Andenken an K. Ramcke')
15 Blütenkirsche
   (*Prunus serrulata* 'Kanzan')
16 Wintergrüne Elfenblume
   (*Epimedium pinnatum*)
17 Ysander (*Pachysandra terminalis*)
18 Eibe (*Taxus baccata*)
19 Schwärzlicher Liguster
   (*Ligustrum vulgare* 'Atrovirens')

bestückt wird, dessen Reflexion im Teich man von der lauschigen Gartenbank aus genießen kann. Für unser Beispiel wurde als Terrassenbelag eine Holzplattform gewählt, weil sie an eine traditionelle japanische Veranda erinnert. Denkbar wäre auch ein Belag aus dunklen, naturbelassenen Schieferplatten. Ein Kübel mit einer besonders schön blühenden Kamelie findet in einem halbschattigen Eckchen der Terrasse Platz und sorgt schon früh im Jahr für Blütenschmuck, sofern man die Pflanze hell und nicht zu warm (maximal 15 °C) überwintert. Es gibt übrigens auch Kameliensorten, die bis −20°C frosthart sind und ausgepflanzt werden können.

Der Traum vom Gartenteich in einem schmalen Garten

In einem langen, schmalen Garten von kaum acht Metern Breite scheint es fast unmöglich, einen vernünftigen Gartenteich mit attraktiver Uferbepflanzung anzulegen, ohne dass der Rest des Gartens unweigerlich ins Abseits gerät. Durch eine geschickte Planung, die das Gewässer nicht in die Gartenmitte platziert, sondern gleich an die Terrasse anschließt, bleibt genug Platz im hinteren Gartenteil, um dennoch eine große Rasenfläche, einige schmückende Gehölze, einen Komposthaufen und vielleicht auch ein Staudenbeet anzulegen. Zu den Nachbarn hin schützen statt einer düsteren Thujenhecke leicht wirkende Holzlamellenwände, die mit Schlingknöterich schnell ergrünen und ein Spalier, an dem immergrünes Geißblatt emporrankt. Ein Sitzplatz auf der Terrasse wird von einer mit Glyzinen oder anderen Kletterpflanzen berankten Pergola überfangen, die etwas über den Teich hinausragt und so an heißen Sommertagen die Wasseroberfläche teilweise beschatten kann. Eventuell im Teich lebende Fische werden dankbar dafür sein. Im Herbst muss allerdings darauf geachtet werden, dass nicht zu-

Rechts: Die voll frostharte Seerose *Nymphaea* 'James Brydon' ist resistent gegen Knollenfäule und eignet sich gut für kleine bis mittelgroße Gewässer. Sie gedeiht in einer Wassertiefe von 30 bis 35 cm und ihre Blätter bedecken eine Fläche von etwa einem Meter.

viel Laub von den Kletterpflanzen in den Teich fällt. Ein zeitweise darüber gespanntes Netz leistet in diesem Fall praktische Dienste. Vom Sitzplatz aus kann der Blick über den Teich in den hinteren Teil des Gartens schweifen, was dem Garten mehr Tiefe und Weiträumigkeit gibt. Ein mit Trittsteinen aus Natursteinplatten

Pflanzschlüssel für den schmalen Garten mit Teich:

1 Blutjohannisbeere (*Ribes sanguineum*)
2 Feuerahorn (*Acer tataricum* ssp. *ginnala*)
3 Forsythie (*Forsythia* 'Vermont Sun')
4 Glyzine (*Wisteria sinensis*)
5 Immergrünes Geißblatt (*Lonicera sempervivum*)
6 Ölweide (*Elaeagnus multiflora*)
7 Perückenstrauch (*Cotinus coggygria* f. *purpureus*)
8 Schlingknöterich (*Fallopia aubertii*)
9 Bambus, mittelhoch (*Pleioblastus humilis*)
10 Bergenie (*Bergenia*-Hybride 'Abendglocken')
11 Blutweiderich (*Lythrum salicaria*)
12 Chinaschilf (*Miscanthus sinensis*)
13 Goldnessel (*Lamiastrum galeobdolon*)
14 Pfennigkraut (*Lysimachia nummularia*)
15 Rohr-Glanzgras, Brautgras (*Phalaris arundinacea*)
16 Schneefelberich (*Lysimachia clethroides*)
17 Seerose (*Nymphaea* 'James Brydon')
18 Sumpfdotterblume (*Caltha palustris*)
19 Tüpfelfarn (*Polypodium vulgare*)
20 Waldgeißbart (*Aruncus dioicus*)
21 Weißbunte Japansegge (*Carex morrowii* 'Variegata')
22 Weißer Mauerpfeffer (*Sedum album*)
23 Wiesenschwertlilie (*Iris sibirica*)
24 Zwergrohrkolben (*Typha minima*)

Das Rohr-Glanzgras, auch Brautgras oder Bandgras genannt, eignet sich für alle sonnigen bis halbschattigen Standorte mit normalen bis feuchten Böden. Es neigt zum Wuchern, weshalb man es immer wieder durch Abstechen der Wurzelausläufer einschränken sollte.

belegter Pfad führt von der Terrasse über eine Kiesfläche am Teich vorbei in den hinteren Gartenteil, wo die Trittsteine bodeneben im Rasen versenkt werden, damit man problemlos mit dem Rasenmäher darüberfahren kann. Sie sollten möglichst zwanglos und nicht schnurgerade verlegt werden, das passt besser zum Gesamtbild der Teichlandschaft, deren Flachwasserzone nahtlos in den Kiesbelag vor der Terrasse übergeht. Ideal wäre es, wenn der Belag der Terrasse aus den gleichen Natursteinplatten bestehen würde. Eine Beplankung mit wetterfestem Holz ist ebenfalls stimmig und attraktiv. Im Hinblick auf die Nähe zum Haus sollte man eine Sumpfzone vermeiden. Zu leicht kann es bei heißem Wetter zu unangenehmen Gerüchen und vor allem zu Belästigungen durch Insekten (Fliegen, Mücken, Bremsen) kommen. Ein Kiesufer ist daher hier die bessere Wahl. Eine

naturnahe Bepflanzung kann diesen Bereich besonders attraktiv und ökologisch wertvoll machen. Pfennigkraut wächst zum Teil noch in ufernahen, bodenfeuchten Zonen. In den trockenen Bereichen finden Mauerpfeffer-, Steinbrech- und Sempervivumarten (Dachwurz) einen idealen Lebensraum. Da Rohrkolben, Kalmus und andere typische Randzonenpflanzen im trockenen Uferbereich nicht gedeihen, wurde auf Bambus, Chinaschilf, Brautgras und Japansegge zurückgegriffen, die problemlos mit normalen Böden zurechtkommen. Allerdings sollte man bei allen, besonders beim Bambus, darauf achten, dass sie nicht außer Kontrolle geraten und mit ihren Ausläufern ihr gesamtes Umfeld erobern.

Spitzwinklige Grundstücke

Herausforderung als Chance – das gilt besonders für Grundstücke, die nicht symmetrisch zugeschnitten sind, sondern an einer Seite spitzwinklig zulaufen. Oft ist eine Straße, ein Garagenhof oder einfach eine schon länger bestehende Bebauung der

Grund dafür, dass der Garten an einer Seite etwas beschnitten wurde. In konventionell bepflanzten Gärten entsteht dann leicht der Eindruck, dass tatsächlich etwas „fehlt", denn das menschliche Auge hat nun einmal den Hang zur Symmetrie. Wenn man jedoch schon bei der Planung darauf achtet, die Blickachsen anders zu legen, dann fällt das scheinbare Manko nicht mehr ins Auge, sondern beflügelt die Phantasie. Und „stille Eckchen" im hintersten Winkel des Gartens können auch den Vorteil haben, dass man Komposthaufen, Geräteschuppen oder andere weniger schöne Gartenelemente den Blicken entziehen kann.

Ein spitzwinkliges Grundstück meistern

Mit etwas Rafinesse wurde bei diesem Beispiel eines spitzwinkligen Grundstückes der übliche Stil eines zentralen Rasenstückes zugunsten einer unkonventionellen Gestaltung verworfen. Die Beetränder treten geschwungen vor und zurück und schaffen dadurch neue Räumlichkeit. Einzeln gesetzte Akzente – in diesem Fall der Sprudelsteinbrunnen – lockern die Komposition auf und geben ihr zugleich Spannung. Vom Sitzplatz aus kann man dem leisen Plätschern des Wassers lauschen und ins Träumen geraten. An heißen Tagen bewirkt die Verdunstung ein besseres Mikroklima. Das Schmuckgras, das zwischen großen und kleineren Kieselsteinen gesetzt wird, unterstreicht die unprätentiöse Atmosphäre.

Anders als bei den meisten Anlagen schließt sich der Hauptsitzplatz bei diesem Entwurf nicht

Eine ungewöhnlich reizvolle Kombination: Fingerhut mit Wollziest im Vordergrund als Nachbarn einer kleinblütigen Rosenart.

direkt an das Wohnhaus an, sondern ist etwas zurückverlegt in den Grundstückswinkel. Eine mit Blauregen *(Wisteria)* bewachsene Pergola beschirmt die Stelle, von der aus man einen schönen Blick auf alle Gartenbereiche hat. Dadurch wirkt der Garten deutlich weiträumiger, obwohl er in einen schmalen Winkel ausläuft. Vertikale Elemente wie die Säulenkirsche oder die mit der Bergwaldrebe begrünte Sichtschutzwand zum Nachbarn bewirken eine zusätzliche optische Erweiterung des Gartenraumes. Nah beim Sitzplatz dürfen natürlich duftende Rosen nicht fehlen. Da der Platz allerdings begrenzt ist, lohnt sich die Suche nach einer Sorte, die robust und wüchsig ist, aber auch einen kräftigen Rückschnitt verträgt. Beliebt ist die Schottische Rose *(Rosa eglanteria)*, die besonders abends den Garten mit einem hinreißenden Duft erfüllt. Lange Triebe, die auf den Weg hinausragen, sollten aufgebunden werden, damit sie nicht stören. Auf der dem Haus zugewandten Seite schließen sich bunte Stauden an und auch von gegenüber wird der Blick von einer interessanten Bepflanzung angezogen. Graulaubige

Tor

Pergola

Sichtschutzwand (Holzlamellen)

Sprudel-stein

Keller-treppe

Pflanzschlüssel für ein spitzwinkliges Grundstück:

1 Berg-Waldrebe (*Clematis montana*)
2 Blauregen, Glyzine (*Wisteria sinensis*)
3 Lavendel (*Lavandula angustifolia*)
4 Säulenkirsche (*Prunus serrulata*-Hybride 'Kanzan')
5 Strauchrose (*Rosa* 'Heritage'; rosa)
6 Tulpenmagnolie (*Magnolia* x *soulangeana*)
7 Waldgeißblatt (*Lonicera periclymenum* 'Serotina')
8 Weinrose, Schottische Rose (*Rosa eglanteria*; rosaweiß)
9 Atlasschwingel (*Festuca mairei*)
10 Blumensedum (*Sedum telephium* 'Herbstfreude')
11 Färberhundskamille (*Anthemis tinctoria* 'E. C. Buxton'; weißgelb)
12 Federmohn (*Macleaya cordata*)
13 Feinstrahl (*Erigeron*-Hybride 'Strahlenmeer'; rosa)
14 Fingerhut (*Digitalis purpurea* 'Foxy'; bunte Mischung)
15 Katzenminze (*Nepeta* x *faassenii*)
16 Prachtspiere (*Astilbe*-Arnedsii-Hybride 'Hyazinth'; lilarosa)
17 Purpursonnenhut (*Echinacea purpurea*)
18 Reiherfedergras (*Stipa pulcherrima* f. *nudicostata*)
19 Rittersporn (*Delphinium*-Belladonna-Hybride)
20 Salbei (*Salvia nemorosa* 'Ostfriesland')
21 Salbei (*Salvia nemorosa* 'Rosenwein'; rosa)
22 Sibirisches Perlgras (*Melica altissima*)
23 Spornblume, rot (*Centranthus ruber*)
24 Spornblume, weiß (*Centranthus ruber* 'Albus')
25 Storchschnabel (*Geranium phaeum* 'Samobor')
26 Storchschnabel (*Geranium* x *magnificum*)
27 Waldgeißbart (*Aruncus dioicus*)
30 Weißbunte Taubnessel (*Lamium maculatum*)
31 Wermut (*Artemisia absinthum*)
32 Wollziest (*Stachys byzantina*)

Pflanzen und solche mit bereiften Blättern wie Federmohn, Spornblume und Wermut kontrastieren in Struktur und Textur besonders schön mit den Blüten des Purpursonnenhuts und der Spornblume. Eine mit Waldgeißbart und Astilben unterpflanzte Magnolie setzt zwischendrin einen Akzent und sorgt für Schatten. Da sie einen langsamen, lichten Wuchs hat und praktisch nicht geschnitten werden muss, eignet sie sich ideal für diese Stelle.

Die Farbharmonie aus Weiß, Blauviolett und Rosa zieht sich über das gesamte Beet bis zum Haus hin, wo die rosa blühende Englische Rose 'Heritage' noch einmal mit einem Höhepunkt aufwartet. Ein kleiner Sitzplatz am Haus bietet die Möglichkeit, Kübelpflanzen zu platzieren und den Liegestuhl für ein kurzes Nickerstündchen aufzustellen.

Zier- und Nutzgarten auf einem Problemgrundstück

Kaum ein Reihenhausgarten wird groß genug sein, um die Bewohner das ganze Jahr über mit selbst gezogenem Gemüse zu versorgen. Dennoch lohnt es sich einige Sorten im eigenen Garten anzubauen, wenn man auf frische, gesunde Salate und knackiges Gemüse schwört. Einige Beerensträucher, ein Salatbeet, ein Hügelbeet mit Tomaten, Kohlrabi und Zucchini sowie Beete, auf denen Karotten, Zwiebeln und an-

Eine imposante Erscheinung im Staudenbeet ist der Purpursonnenhut. Zusammen mit graulaubigen Pflanzen kommt seine zarte Blütenfarbe besonders gut zur Geltung.

Die herrlichen, faustgroßen Blüten der Artischocken sieht man nur, wenn man auf den Verzehr der gesunden Blütenknospen verzichtet und sie an der Pflanze ausreifen lässt.

deres in Mischkultur gepflanzt werden – es gibt genug Möglichkeiten, den Speisezettel zu bereichern, auch wenn man kein großes Grundstück bewirtschaftet. Auch die gesunden, würzigen Kräuter dürfen natürlich nicht fehlen.

Dass dabei der Ziercharakter des Gartens nicht unbedingt zu kurz kommen muss, zeigt unser Beispiel: Geschickt integrierte Gemüseinseln und mit bunten Blütenstauden kombinierte Kräuter im Garten verbinden das Nützliche mit dem Schönen. Der leicht informelle, zwanglose Charakter der Anlage verleiht dem Garten einen besonderen Charme. Schließlich müssen Kohlköpfe, Lauch und Karotten nicht militärisch stramm stehen. Lassen Sie ruhig einmal Ihre Phantasie etwas spielen. Das aparte, bereifte Violett eines Rotkohlkopfes passt wunderbar zu leuchtend bunten Ringelblumen; rotstieliger Mangold wirkt als Hintergrund eines Beetes mit niedrigen Sommerblumen sehr interessant und die feinen, fiedrigen Blättchen des

Pflanzschlüssel für das spitzwinklige Grundstück mit Nutzgarten:

1 Aprikosenspalier (*Prunus*, z. B. 'Ungarische Beste')
2 Blutjohannisbeere (*Ribes sanguineum*)
3 Brombeerhecke (*Rubus*)
4 Buchsbaum (*Buxus sempervirens* 'Arborescens')
5 Flieder (*Syringa vulgaris*)
6 Himbeeren (*Rubus*)
7 Ligusterhecke (*Ligustrum vulgare*)
8 Quitte (*Cydonia oblonga*)
9 Rote Johannisbeere (*Ribes*)
10 Rundblättriger Schneeball (*Viburnum rhytidophyllum* 'Pragense'; immergrün)
11 Sauerkirsche (*Prunus*, z. B. 'Beutelsbacher Rexelle')
12 Schmetterlingsstrauch, Sommerflieder (*Buddleia davidii*; blauviolett)
13 Schwarze Johannisbeere (*Ribes*)
14 Strauchrose (*Rosa* 'Schneewittchen'; weiß)
15 Waldrebe (*Clematis patens*-Hybride 'The President')
16 Ährenminze (*Mentha spicata*)
17 Basilikum (*Ocimum basilicum*; einjährig)
18 Bergbohnenkraut (*Satureja montana*)
19 Blumensedum (*Sedum telephium* 'Herbstfreude')
20 Borretsch (*Borago officinalis*; einjährig)
21 Estragon (*Artemisia dranunculus*)
22 Färberhundskamille (*Anthemis tinctoria* 'Grallach Gold'; gelb)
23 Herbstanemone (*Anemone*-Japonica-Hybride 'September Charm'; rosa)
24 Indianernessel (*Monarda*-Fistulosa-Hybride 'Beauty of Cobham'; lilarosa)
25 Kapuzinerkresse (*Tropaeolum majus*; einjährig)
26 Katzenminze (*Nepeta* x *fassenii*)
27 Lavendel (*Lavandula angustifolia* syn. *L. officinalis*)
28 Liebstöckel (*Levisticum officinale*)
29 Majoran (*Majorana hortensis* syn. *Origanum majorana*; einjährig)
30 Mutterkraut (*Tanacetum parthenium*)
31 Petersilie (*Petroselinum crispum*; einjährig)
32 Prachtspiere (*Astilbe chinensis* var. *pumila*; lila)
33 Rhabarber (*Rheum*)
34 Ringelblume (*Calendula officinalis*; einjährig)
35 Rosmarin (*Rosmarinus officinalis*)
36 Salbei (*Salvia officinalis*)
37 Schnittlauch (*Allium schoenoprasum*)
38 Spornblume (*Centranthus ruber*)
39 Stangenbohnen (*Phaseolus*; einjährig)
40 Thymian (*Thymus vulgaris*)
41 Zitronenmelisse (*Melissa officinalis*)

Frühbeet

33

Fass

3

Hügelbeet

Kompost

Kompost

Schuppen

7

39   39

5

6

Gemüsebeete

4

8

Gemüsebeete

4

32

11

10

2

Rasen

16

17   26

13

27

18   34

9

38   29   30   26

14

36   35   24

1

12

Spalierobst

21   37   40

25

41

31   28   23

Terrasse
(Klinker)

22   15

20

19   23

Fenchels sind geradezu ein Schmuck für jedes Staudenbeet. Eine besonders spektakuläre Erscheinung, die sich gut für das Staudenbeet eignet sind Artischocken, die eigentlich eine große Distelart sind, aber jung geerntet auch ein zarter Gaumenkitzel sein können. Lässt man die Knospen zur Blüte kommen, kann man sie zwar nicht mehr essen, dafür aber die blauvioletten Köpfchen bewundern oder als Schmuck in die Vase stellen. Damit der Blick von der Terrasse nicht ständig auf den Wirtschaftsgarten fällt und an die Arbeit erinnert, wurde eine Gehölzgruppe aus Buchs und einem Quittenbaum als Sichtschutz gesetzt. Da Quitten selbstfruchtbar sind, können sie ohne weiteres auch als Einzelbaum gepflanzt werden. Eine Unterpflanzung mit niedrigen Prachtspieren – die Sorte *Astilbe chinensis* var. *pumila* verträgt auch Sonne und etwas trockenere Böden – sorgt für Farbe zwischen den halbhohen, immergrünen Buchsbäumen, die den nicht zu jeder Jahreszeit schönen Anblick der Gemüsebeete verdecken. Die halbhohen Gehölze werfen nicht zuviel Schatten, so dass ohne weiteres noch bunte Stauden und Einjährige am Rand der Terrasse wachsen können. Sie wurden in unserem Beispiel mit mediterranen Kräutern bunt gemischt, sodass ein lebendiges, duftendes Beet entstand. In der Beetmitte steht die weiße Rose 'Schneewittchen', die sich durch eine besonders lange Blütezeit – oft bis in den November hinein – auszeichnet. Andere, besonders starkwüchsige Kräuter wie Borretsch und Liebstöckel, die auch einen humosen Boden bevorzugen, wurden in ein Beet neben der Terrasse integriert.

Obstbäume können auch als Spalier an Mauern gezogen werden. Sie nehmen dann weniger Platz ein und die Früchte reifen durch den Schutz der Mauer besser.

Als Befestigungsmaterial für Terrasse und Wege sehen frostfeste Klinkersteine sehr schön aus und unterstreichen, genauso wie der Buchs, den ländlichen Charakter des Gartens. Untergeordnete Wege zwischen den Gemüsebeeten können mit Rindenmulch belegt werden. Auch bei Regenwetter bilden sich dann keine Pfützen auf den Pfaden. Die Gerbsäuren in der Rinde haben eine stark wachstumshemmende Wirkung, ein Aufkommen von Unkräutern wird unterdrückt. Man sollte allerdings darauf achten, den Rindenmulch nicht zu nah an die Kulturpflanzen heranzuschütten, damit deren Wachstum nicht beeinträchtigt wird. Weil in solch einem produktiven Garten auch eine Menge

Kräuter für den Küchengarten

Nah beim Haus ist ein Kräuterbeet besonders praktisch, weil man Würz- und Küchenkräuter dann schnell zur Hand hat. Fast alle Kräuter lieben eher magere, gut dränierte, kalkreiche Böden in voller Sonne. Nur bei genügend Sonne und Wärme entwickeln sich ausreichend ätherische Öle, die für das Aroma verantwortlich sind. In zu schwere Böden kann Sand eingearbeitet werden, um sie durchlässiger zu machen. Pfefferminze mag feuchte Böden im Halbschatten und sollte im Wurzelbereich eingeschränkt werden, da sie einen un-

bändigen Ausbreitungsdrang besitzt. Petersilie liebt sonnige, aber nicht zu trockene Standorte und sollte jeweils im Frühjahr und im Herbst immer wieder neu und nie an der gleichen Stelle ausgesät werden, da sie selbstunverträglich ist. In rauen Lagen ist Rosmarin nicht winterhart. Man überwintert ihn am besten in einem kühlen, hellen Raum. Eine zur „Kräuterspirale" aufgeschichtete Trockenmauer eignet sich ideal für die Anpflanzung verschiedener Kräuter auf engem Raum, hübsch sieht es aber auch aus, wenn Kräuter, wie in unserem Beispiel, mit Rosen und Blütenstauden zusammengepflanzt werden.

pflanzlicher Abfall anfällt, darf ein ausreichend großer Komposthaufen und Behälter zum Bereiten von Pflanzenjauchen nicht

fehlen. Geschickt versteckt man sie hinter dem Schuppen, in dem die Gartengeräte lagern und pflanzt vielleicht auch noch

Duftende Würz- und Teekräuter

Name	Standort	Höhe (in cm)	Blütezeit (Monat)	Besonderes
Anis (*Pimpinella anisum*)	sonnig, in kalkhaltigem, mäßig fruchtbarem Boden	60–80	VI–VII	einjährig; ausgereifte Früchte als Tee und zum Würzen
Bärlauch (*Allium ursinum*)	halbschattig bis schattig (auch unter Gehölzen) in feuchten Böden	15–20	V–VI	heimische Zwiebelpflanze mit starkem Knoblauchduft; frisches Kraut vor der Blüte als Würze, Salatbeigabe, Suppenkraut oder auf Brot; breitet sich mitunter aggressiv aus
Basilikum (*Ocimum basilicum*)	sonnig, an geschütztem Standort in humosem, nicht zu trockenem Boden	20–30	VII–IX	einjährig; frisches Kraut zum Würzen; sehr kälteempfindlich; mehrere Sorten, auch buntblättrige (*O. b.* 'Purpurascens') im Handel
Berg-Bohnenkraut (*Satureja montana*)	sonnig, trockene, magere, durchlässige Böden	10–50	VII–X	frisch oder getrocknet als Würze; oft wintergrün
Bohnenkraut (*Satureja hortensis*)	sonnig, trockene, magere, durchlässige Böden	25–50	VII–X	einjährig; frisches oder getrocknetes Kraut als Würze
Borretsch (*Borago officinalis*)	sonnig auf durchlässigen, nahrhaften Böden	15–60	V–IX	einjährig; frisches Kraut als Salatbeigabe; versamt sich selbst, wenn man ihn zur Frucht kommen lässt
Brunnenkresse (*Nasturtium officinale*)	am Rand von Fließgewässern in kalkhaltigem Wasser	15–80	V–X	kurzlebige Pflanze; frisches Kraut als Salatbeigabe
Dill (*Anethum graveolens*)	sonnig, in feuchtem, humosem Boden	60–80	VI–VII	einjährig; frisches Kraut zum Würzen. Sät sich selbst aus, wenn man ihn zur Frucht kommen lässt
Estragon (*Artemisisa dranunculus*)	geschützt in humosem Boden in Sonne oder Halbschatten	120	VIII–IX	als Würzkraut; Russischer Estragon ist frostfester
Kerbel (*Anthriscus cerefolium*)	in jedem normalen Gartenboden in Sonne oder Halbschatten	30–60	IV–VII	einjährig; als Würz- oder Suppenkraut. Kerbel sät sich, lässt man ihn zur Frucht kommen, immer wieder selbst aus
Koriander (*Coriandrum sativum*)	sonnig, auf lockeren, kalkhaltigen Böden	30–60	VI–VIII	einjährig; frisches Kraut zum Würzen, getrocknete Samen als Gewürz
Kresse (*Lepidium sativum*)	in jedem normalen Gartenboden in Sonne oder Halbschatten	5–15	die kurzlebige Pflanze blüht je nach Aussaattermin; im Hochsommer gesäte Pflanzen bilden kaum Blätter und kommen gleich zur Blüte	einjährig; frisch als Salatbeigabe und auf Brot; Kreuzblütler, daher nie an Stellen aussäen, wo zuvor schon Kreuzblütler (z. B. Kohl) standen
Lavendel (*Lavandula angustifolia*)	sonnig in gut durchlässigem, kalkhaltigem Boden	60–100	VII–VIII	verholzender Halbstrauch; Blüten und Blätter als Würze und für Duftkissen; Rückschnitt nach der Blüte
Liebstöckel (*Levisticum officinalis*)	sonnig bis halbschattig in tiefgründigem, humosem Boden	80–200	VII–VIII	auch als Maggikraut bekannt; Würze für Suppen, Soßen etc.
Lorbeer (*Laurus nobilis*)	sonnig in magerem, gut dräniertem Boden, am besten als Kübelpflanze	bis 2 m, im Freiland sogar bis 12 m	V–VI	mäßig frostharter Strauch; Blätter frisch oder getrocknet als Würze; bis −9 °C frosthart

Duftende Würz- und Teekräuter (Fortsetzung)

Name	Standort	Höhe (in cm)	Blütezeit (Monat)	Besonderes
Majoran (*Origanum majoranum*)	sonnig in kalkhaltigem, durchlässigem Boden	20–40	VII–X	einjährig; frisch oder getrocknet zum Würzen
Oregano (*Origanum vulgare*)	sonnig in kalkhaltigem, durchlässigem Boden	20–60	VII–X	frisch oder getrocknet als Würzkraut
Petersilie (*Petroselinum crispum*)	sonnig bis halbschattig in nie austrocknenden, nährstoffreichen Böden	20–30	VI–VII	einjährig; frisch als Salatbeigabe oder Dekoration; Petersilie ist selbstunverträglich, daher nie an die gleiche Stelle wie im Vorjahr pflanzen
Pfefferminze (*Mentha piperita*)	halbschattig in tiefgründigem, feuchtem Boden	20–80	VII–X	frische oder getrocknete Blätter als Tee- und Würzkraut; viele Arten, Hybridzüchtungen und Sorten; breitet sich mitunter aggressiv durch Ausläufer aus
Rosmarin (*Rosmarinus officinalis*)	sonnig in kalkhaltigem, durchlässigem Boden	150	III–V und VIII–IX	nicht überall frostfester Halbstrauch; Winterschutz nötig; frische oder getrocknete Blätter als Würz- oder Teekraut
Rukola (*Eruca vesicaria*)	anspruchslos, in jedem Gartenboden	20	die kurzlebige Pflanze blüht je nach Aussaattermin; im Hochsommer gesäte Pflanzen bilden kaum Blätter und kommen gleich zur Blüte	Einjährig; als Salatbeigabe verwenden; Kreuzblütler, daher nie auf Böden pflanzen, wo zuvor ebenfalls Kreuzblütler (z. B. Kohl) standen
Salbei (*Salvia officinalis*)	sonnig bis halbschattig in gut durchlässigen Böden	30–70	VI–VIII	verholzender Halbstrauch; junge Blätter frisch oder getrocknet als Würz- oder Teekraut; Rückschnitt nach der Blüte
Schnittlauch (*Allium schoenoprasum*)	sonnig bis halbschattig in jedem durchlässigem Gartenboden	10–50	V–VIII	frische Triebe als Salatwürze; häufiger Rückschnitt führt zu dichtem, kräftigem Wuchs
Thymian (*Thymus vulgaris*)	sonnig in durchlässigem, magerem Boden	10–30	V–X	frische oder getrocknete Pflanzenteile als Würze
Wermut (*Artemisia absinthium*)	sonnig in kalkhaltigem, durchlässigem Boden	bis 200	VII–IX	in sehr geringer Dosierung als Würz- und Teekraut; Wermutbrühe eignet sich zur Schädlingsbekämpfung
Ysop (*Hyssopus officinalis*)	sonnig in gut durchlässigem Boden	20–70	VII–IX	verholzender, nicht überall frostfester Halbstrauch; frische Blätter als Würzkraut
Zitronenmelisse (*Melissa officinalis*)	sonnig in jedem Gartenboden	30–90	VI–IX	frische oder getrocknete Blätter als Tee- und Würzkraut

einige immergrüne Sträucher davor, denn auch im Winter soll dieser Teil des Gartens diskret vor den Blicken versteckt sein.

Eckgrundstücke

Von vielen am meisten begehrt sind die Endgrundstücke einer Reihenhauszeile. Diese Eckgrundstücke sind oft größer geschnitten und bekommen von mehreren Seiten Licht und Luft. Außerdem ist der Zugang zum Garten durch die Randlage erleichtert und man hat einen Nachbarn weniger, was bedeuten kann, dass man weniger Rücksicht bei der Planung nehmen muss. Manchmal ist dann sogar genug Platz für einen PKW-Stellplatz auf dem Grundstück. Wenn man einen Carport baut, damit das Fahrzeug nicht im Regen stehen muss, kann man die Begrünung durch Kletterpflanzen oder eine Dachbegrünung in Betracht ziehen. Denken Sie daran, dass versiegelte Pflasterflächen leblos und uninspiriert wirken. Offenes Rasenpflaster bezieht den Stellplatz mit in die Gartenanlage ein.

Reihenendhaus: ein Ziergarten mit Obstbäumen

Köstliche Früchte, die man direkt vom Baum essen kann erinnern an die unbeschwerten Kindertage, als die Bäume noch in den Himmel wuchsen und die aus Nachbars Garten stibitzten Kirschen am besten schmeckten. Als Erwachsener muss man nicht mehr heimlich Kirschen klauen, man pflanzt sie einfach selber an. Ein Reihenendhaus bietet be-

Basilikum (hier eine kleinblättrige Sorte) lässt sich auch gut im Topf ziehen und schmeckt zu allen Tomatengerichten besonders gut.

sonders gute Möglichkeiten, da das Gelände viel Licht und Luft bereit hält, was die Fruchtbäume zu schätzen wissen.

Ein zu dichter Stand der einzelnen Obstbäume fördert die Entstehung von Schorf, Schädlingsbefall und Pilzkrankheiten. Bei der Sortenwahl sollten Sie in jedem Fall die Tatsache bedenken, dass die meisten Obstarten nicht selbstfruchtbar sind, d. h. mindestens eine zweite Befruchtersorte derselben Obstart nötig ist, damit sich nach der Blüte auch Früchte entwickeln. Einzelne wenige Sorten sind selbstfruchtbar und können auch als Einzelbaum gepflanzt werden, so etwa die Quitte, einige Pflaumensorten und zwergwüchsige Kirschsorten. Auch bei den Kiwipflanzen bietet der Handel inzwischen einige selbstfruchtbare Sorten an, so dass man nicht immer zwei Pflanzen setzen muss. Das würde im Falle der sehr starkwüchsigen Kiwipflanzen, die Ranken von bis zu sechs Metern Länge entwickeln, den zur Verfügung stehenden Platz im Reihenhausgarten auch sprengen.

Der große Süßkirschbaum in unserem Beispielgarten ist ursprünglich eine nicht selbstfruchtbare Sorte. Durch Aufpropfen einer zweiten Sorte wird der Baum nicht nur fruchtbar, sondern wartet gleich mit zwei leckeren Fruchtsorten auf. Manche Baumschulen bieten solche Obstbäume mit zwei auf einem Stamm veredelten Sorten schon fix und fertig an. Als Unterpflanzung der Obstbäume eignen sich nicht nur die Schatten tolerierenden Prachtspieren und der Waldgeißbart. Dort, wo etwas mehr Licht hinkommt, sollte man es im Frühjahr nicht versäumen, Kapuzinerkresse auszusäen. Sie lenkt angeblich die gefürchteten Blutläuse, auf jeden Fall aber die Blattläuse von den Obstbäumen ab und sieht obendrein auch noch wunderschön aus.

Gegen Schädlinge an Obstbäumen helfen übrigens auch Leimringe, die man rechtzeitig im Herbst um die Baumstämme legt, damit die flugunfähigen Weibchen des Frostspanners nicht am Stamm emporklettern können, um ihre Eier in luftiger

Höhe abzulegen (siehe Kasten). Eine Stammpflege durch einen Schutzanstrich im Spätherbst oder im Februar war früher im Obstbau weit verbreitet und sollte die Rinde vor Frostrissen schützen, Wunden besser heilen lassen und das Wachstum des Kambiums fördern. Pilzkrankheiten und Schädlingsbefall wird dadurch vorgebeugt. Nachdem man den Stamm mit einer Wurzelbürste kräftig abgebürstet hat, bestreicht man ihn mit einer dickflüssigen Brühe, die man aus Lehm oder Tonmehl und Schachtelhalmbrühe mischt. Wer einen Bauern in der Nähe kennt, kann auch noch etwas Kuhdung mit unterrühren. Eine Hand voll Algenkalk ist ebenfalls willkommen. Die Brühe kann außerdem in die Äste gesprüht werden, wenn man sie verdünnt und durchsiebt, damit sie die Spritzdüse nicht verstopft.

Doch weil der Garten nicht nur nützlich, sondern auch attraktiv aussehen soll, werden außer Obstgehölzen auch Zierpflanzen gesetzt. Die das Grundstück nach hinten abschließende Hecke besteht vorwiegend aus Blütensträuchern. Essbar sind die reifen, violettschwarzen Beeren des Schwarzen Holunders. Außerdem kann man die breiten, flachen Blütenschirme, die im Mai erscheinen, für Hollerküchle verwenden. Kinder mögen die im Ganzen in Pfannkuchenteig getauchten und dann in Fett ausgebackenen Blütendolden besonders gern. Die Pergola mit der Kiwipflanze am Rand der Terrasse spendet im Hochsommer Schatten und ist ein interessanter Blickfang, denn die großen, etwas rauen Blätter der Pflanze wirken attraktiv und exotisch. Ein Kiesgraben um das Haus lässt die An-

Leimringe gegen Frostspanner

Die Weibchen der Frostspanner können, anders als die Männchen, nicht fliegen. Sie kriechen im November/Dezember die Stämme von Obstbäumen empor, um in den Kronen ihre Eier abzulegen. Die im Frühjahr schlüpfenden Raupen fressen sich dann genüsslich am jungen Austrieb satt. Deshalb müssen Mitte Oktober im unteren Stammbereich Leimringe angelegt werden. Die Frostspannerweibchen bleiben auf der klebrigen Manschette haften und erreichen so ihr Ziel, die Baumkronen, nicht. Die Leimringe müssen den ganzen Winter über bis ins Frühjahr hinein am Stamm bleiben und immer wieder auf ihre Klebkraft geprüft werden. Notfalls müssen sie nachgeleimt werden, damit sie ihre Funktion zuverlässig erfüllen. Spätestens Mitte Mai entfernt man dann die Leimringe, damit keine Nutzinsekten darauf kleben bleiben. Fertige Leimringe werden neuerdings nicht mehr in Weiß, sondern in Grün angeboten. Dies soll verhindern, dass es zu Nebenfängen von nützlichen Insekten kommt. Der Handel bietet auch fertigen Raupenleim und Gürtelpapier an, so dass man sich die Raupenabwehr entsprechend der individuellen Bedürfnisse ohne großen Aufwand selbst basteln kann. Für alle, die sich die Leimringe lieber selbst herstellen möchten, hier ein bewährtes Rezept:

Zutaten
700 g Holzteer
500 g Kolophonium
500 g braune Schmierseife
300 g Tran

So wird's gemacht
Holzteer und Kolophonium werden im Wasserbad erhitzt und gerührt, bis eine gleichmäßige Mischung entsteht. Dann werden Seife und Tran hinzugegeben und so lange gerührt, bis der Leim erkaltet ist. Um den Baumstamm wird in einem Meter Höhe ein ca. 15 cm breites Band aus Jute oder verwitterungsbeständigem Papier gelegt, oben und unten festgebunden und mit dem Leim bestrichen.

Leimringe um Obstbaumstämme verhindern, dass Frostspanner die Knospen schädigen.

lage gepflegt aussehen und sorgt für eine gute Dränage.

Im Vorgartenbereich ist genug Platz für bunte einjährige Blumen und Stauden sowie für Kletterrosen. Die goldgelbe Kletterrose 'Golden Showers' ist besonders auch für absonnige

Lagen und Nordseiten geeignet und wird an der frei vor dem Haus stehenden Treppe mit Veranda emporgezogen. Über den Holzlattenzaun zum Nachbargrundstück lehnt sich die zartrosafarbene, fast weiß verblassende Kletterrose 'New Dawn'.

Sie ist sehr robust und remontiert nach der ersten Blüte im Juni immer wieder bis zum Ende der Saison. Die großblumigen Gartenmargeriten und die hoch aufragenden Stockmalven oder Stockrosen passen in ihrer unprätentiösen Art hervorragend in

Pflanzschlüssel für das Reihenendhaus mit Obstbäumen:

1 Apfel (*Malus*; z. B. 'Goldparmäne')
2 Apfel (*Malus*; z. B. 'Ingrid Marie')
3 Birne (*Pyrus*; z. B. 'Madame Verté')
4 Birne (*Pyrus*; z. B. 'Williams Christ')
5 Buchsbaum
   (*Buxus sempervirens* 'Arborescens')
6 Echte Zwetsche (*Prunus*)
7 Kiwi (*Actinidia chinensis*,
   z. B. 'Jenny')
8 Kletterrose (*Rosa* 'Golden
   Showers'; goldgelb)
9 Kletterrose
   (*Rosa* 'New Dawn'; zartrosa)
10 Liguster (*Ligustrum vulgare*)
11 Nordland-Bergfeige
   (*Ficus carica*)
12 Quitte (*Cydonia oblonga*)
13 Schwarzer Holunder
   (*Sambucus nigra*)
14 Spierstrauch
   (*Spiraea veitchii*; weiß)
15 Wintergrüner Schneeball
   (*Viburnum* x *burkwoodii*)
16 Zierquitte (*Chaenomeles speciosa*
   'Phyllis Moore'; rosa)
17 Gartenmargerite
   (*Leucanthemum* x *superbum*)
18 Kapuzinerkresse
   (*Tropaeolum majus*)
19 Lavendel
   (*Lavandula angustifolia*)
20 Mutterkraut
   (*Tanacetum parthenium*)
21 Prachtspiere (*Astilbe chinensis*
   var. *pumila*; rosalila)
22 Ringelblume
   (*Calendula officinalis*)
23 Stockrose (*Alcea rosea*)
24 Waldgeißbart
   (*Aruncus dioicus*)
25 Süßkirsche (*Prunus*)

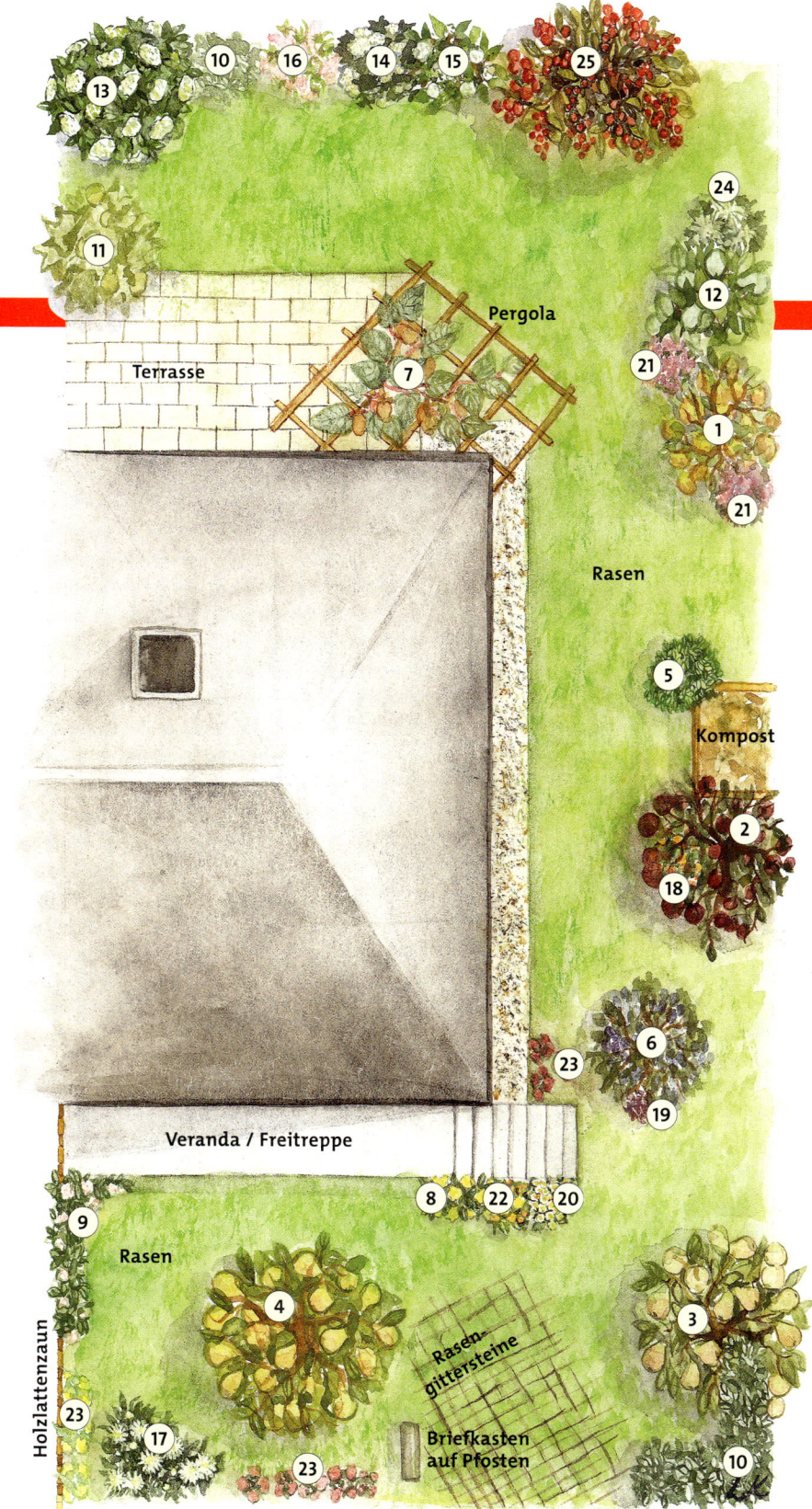

Einladend und freundlich wirkt diese begrünte Einfahrt, die praktisch nahtlos in den hinteren Gartenbereich überleitet. Als Hausbaum wurde eine mittelhoch wachsende Birnensorte gesetzt.

dieses heitere Ensemble. Auf einen Abschluss durch einen Zaun oder eine Hecke zur Straße hin konnte weitgehend verzichtet werden, da es sich um eine Anliegerstraße mit geringem Verkehrsaufkommen handelt. Nur rechts wurden wenige Meter Ligusterhecke gesetzt, um den Durchblick in den hinteren Gartenbereich etwas einzuschränken. Der Stellplatz für den PKW wurde mit offenen Rasengittersteinen befestigt, so dass es praktisch keine Unterbrechung der Rasenfläche gibt. Ein pfiffiger Briefkasten im amerikanischen Stil markiert für Unschlüssige den Eingang des Grundstückes.

Ein pflegeleichter Kiesgarten

Ausgangssituation ist ein Reihenendhaus, wo nicht viel Platz für die Anlage eines Gartens ist, da eine Garagenzufahrt das Grundstück zusätzlich beschneidet. Statt der für viele Gärten obligatorischen Rasenfläche wurde da-

her eine Kiesfläche angelegt, die nach und nach mit anspruchslosen Hungerkünstlern besiedelt wird. Solche Kiesgärten kommen immer mehr in Mode, da sie eine attraktive, pflegeleichte Alternative zu versiegelten Pflasterflächen und aufwändigen Staudenpflanzungen darstellen und gut zu moderner, kompromissloser Architektur ohne Schnörkel passen. Voraussetzung ist, dass der Boden, auf den der Kies einige Zentimeter hoch aufgebracht wird, gut durchlässig ist, damit die Pflanzen vor Staunässe geschützt sind.

Durch Baumaschinen verdichtete Böden müssen also vor dem Aufbringen des Kieses gelockert werden. Die Pflanzen wurzeln besser, wenn Anteile von Sand, Kalkschotter, Vermiculite (modifiziertes Aluminiumsilikat), Erde oder Blähschiefer unter den Kies gemischt werden. Ein Nachdüngen des Kiesbeetes ist eigentlich kaum nötig und sollte frühestens nach zwei Jahren in Betracht gezogen werden. Die Ansiedlung von Mauerpfefferarten, Hornklee,

Dachwurz, Mieren und anderen anspruchslosen, ausdauernden Gewächsen kann durch Aussaat oder Anpflanzung erfolgen. Man kann allerdings mit der Bepflanzung auch so lange warten, bis sich alle möglichen Überraschungsgäste von selbst einfinden und diese dann durch einige attraktive Arten ergänzen. Starkwüchsige Pflanzen, die sich selbst etabliert haben, müssen allerdings hin und wieder entfernt werden, damit der karge, offene Charakter des Kiesgartens erhalten bleibt.

Einzelne größere Steine, entweder als Einzelstücke oder zu kleinen Gruppen geordnet, setzen Akzente. Gegen zu starke Sonneneinstrahlung und auch, um etwas Privatsphäre zu vermitteln, wurde eine Linde als Hausbaum gepflanzt. Im Juli verströmen die Blüten einen betörenden Duft. Die Sichtschutzwand zum Nachbarhaus, mit dessen Bewohnern man sich den Kiesgarten teilt, wird von Efeu und einer Kletterhortensie begrünt. Je nach Lust und Laune können um die mit Holzplanken

Pflanzschlüssel für den Kiesgarten:

1 Efeu (*Hedera helix*)
2 Kletterhortensie (*Hydrangea anomala*)
3 Winterlinde (*Tillia cordata*)
4 Badener Rispengras (*Poa badensis*)
5 Bruchkraut (*Herniaria alpina*)
6 Dickröschen (*Rosularia aizoon, R. pallida*)
7 Enzianlauch (*Allium cyaneum*)
8 Felsnelke (*Petrorhagia saxifraga*)
9 Habichtskraut (*Hieracium pilosella*)
10 Hauswurz (*Sempervivum*-Arten)
11 Helmkraut (*Scrutellaria orientalis* var. *pinnatifida*)
12 Mauerpfeffer-Arten (*Sedum* spec.)
13 Tragant (*Astragalus alpinus*)
14 Tripmadam (*Sedum reflexum*)
15 Kübelpflanzen

Begrünte Müllbox

Zufahrt

Einfassung mit Kantsteinen

Regen-tonne

Terrasse

Stein-gruppe

Links: Ein Kiesgarten kann eine interessante Alternative zu Rasen und Staudenbeeten sein. Mit Kübelpflanzen und hübschen Gartenmöbeln entsteht eine leichte, heitere Stimmung.

Rechts oben: Die Tripmadam, eine Mauerpfeffer-Art, beugt sich mit ihren immergrünen Trieben gern über Steinkanten.

Rechts: Manche Sempervivum-Arten bekommen im Frühjahr leuchtend rote Blattrosetten.

Hungerkünstler – Pflanzen für Kiesgärten und Dachbegrünungen

Die hier aufgezählten Pflanzen sind alle wahre Hungerkünstler und kommen auch mit den extremen Temperaturen, die solch ein exponierter Standort im Kies mit sich bringt, gut zurecht. Einige dieser Gewächse sind einheimisch und können sich unter Umständen auch von selbst ansiedeln, andere müssen ausgesät oder gepflanzt werden. Alle Arten vermehren sich von selbst und sollten daher nicht zu dicht gepflanzt werden, auch wenn die Vegetation anfangs recht spärlich aussehen mag. Saatgut oder Setzlinge bekommt man bei auf Wildstauden spezialisierten Staudengärtnereien (Adressen im Anhang).

Alpenleinkraut *(Linaria alpina)*
Badener Rispengras *(Poa badensis)*
Berglauch *(Allium insubricum)*
Blüten-Mauerpfeffer
    (Sedum floriferum)
Bruchkraut *(Herniaria alpina)*
Dickröschen
    (Rosularia aizoon, R. pallida)
Enzianlauch *(Allium cyaneum)*
Felsnelke *(Petrorhagia saxifraga)*
Gelber Lauch *(Allium flavum)*
Goldmoos-Mauerpfeffer
    (Sedum sexangulare)
Habichtskraut *(Hieracium pilosella)*
Hauswurz *(Sempervivum-Arten)*
Helmkraut *(Scrutellaria orientalis*
    var. *pinnatifida)*
Hundskamille *(Anthemis carpatica)*

Kalkkrustensteinbrech
    (Saxifraga paniculata)
Katzenpfötchen *(Antennaria dioica)*
Kugelblume *(Globularia repens)*
Mauerpfeffer *(Sedum dasyphyllum)*
Mauerpfeffer
    (Sedum spathulifolium)
Perlpfötchen *(Anaphalis triplinervis*
    var. *monocephala)*
Purpurrote Fetthenne
    (Sedum purpurascens)
Scharfer Mauerpfeffer *(Sedum acre)*
Silberwurz
    (Dryas x *suendermannii)*
Sonnenröschen
    (Helianthemum lunulatum)
Tragant *(Astragalus alpinus)*
Tripmadam *(Sedum reflexum)*
Weißer Mauerpfeffer
    (Sedum album 'Coral Carpet'*)*
Wundklee *(Anthyllis vulneraria)*

befestigte Terrasse herum mit verschiedenen Kübelpflanzen immer wieder andere Wirkungen erzielt werden. Denkbar ist in solch einem Kiesgarten auch ein Sprudelstein oder ein Kieselbrunnen, dessem leisen Plätschern man abends auf der Terrasse gern lauscht.

Pfiffige Detaillösungen

Auch wenn die Gartenanlage komplett ist oder Sie einen bereits fertig angelegten Garten übernommen haben, gibt es immer noch hier und da Möglichkeiten denselben zu verschönern oder neuralgische Punkte in Angriff zu nehmen. Im folgenden finden Sie eine Reihe von praktischen Vorschlägen und Tipps, die sich in jedem Garten realisieren lassen.

Begrünen einer Fertig-Müllbox aus Beton

Ein grünes Dach für die Müllbox sorgt nicht nur für ein besseres Mikroklima im Sommer, sondern bietet das ganze Jahr über Abwechslung für das Auge, denn die meisten der für die Bepflanzung vorgeschlagenen Stauden sind wintergrün oder färben ihre Blätter im Winter in verschiedenen Rot- und Rosttönen. Die Konstruktion eines „Miniatur-Dachgartens" z. B. für eine Fertig-Müllbox aus Beton entspricht derjenigen für eine normale Dachbegrünung, ist nur wesentlich weniger aufwändig. Das Gewicht der Substratauflage einschließlich der Bepflanzung darf die Belastbarkeit des Müllbox-Daches nicht übersteigen, wobei eine zusätzliche Gewichtszunahme nach starken Regenfällen oder durch eine Schneelast mit einbezogen werden muss.

Leichte, extensive Begrünungen wiegen etwa 30 kg pro Quadratmeter. Die exponierte Lage eines solchen Miniatur-Dachgartens hat im Sommer starke Hitze und im Winter extreme Minusgrade zur Folge, weshalb bei der Pflanzenauswahl auf besonders robuste Gewächse geachtet werden muss. Wem die Konstruktion mit Holzrahmen, Dämm- und Filterfolien zu aufwändig erscheint, kann auch einfach eine Um-

fassung aus Natursteinen aufschichten, die mit magerer Erde gefüllt wird. Die Umfassung sollte dann allerdings so dicht sein, dass bei einem starken Platzregen das Substrat nicht ausgeschwemmt wird. Der Fachhandel bietet inzwischen auch Komplettsysteme zur Dachbegrünung an (Bezugsquellen siehe Anhang).

Die Pflege der begrünten Müllbox entspricht der eines normalen Steingarten-Beetes: Im zeitigen Frühjahr wird Abgestorbenes entfernt, während der Saison muss durch Samenanflug ausgesätes Unkraut gejätet und bei extremer Trockenheit gegossen werden. Im Herbst entfernt man Falllaub und Abgeblühtes. Ein vorsichtiges Nachdüngen der anspruchslosen Pflanzengesellschaft ist erst nach etwa zwei Jahren nötig.

Vermeiden Sie unnatürliche Gestaltungskombinationen wie etwa einen Steingarten auf der Müllbox zusammen mit einem üppigen Sommerblumengarten im Vorgarten. Ideal ist es, wenn sich das Gestaltungsmotiv des Müllbox-Daches im übrigen Vorgarten wiederfindet. Bei unserem Beispiel wurde eine Bepflanzung für einen sonnigen, trockenen Standort ausgewählt. Für schattige Lagen sind neben Gänsekresse, Günsel und niedrigem Johanniskraut *(Hypericum calycinum)* auch manche Steinbrecharten geeignet.

Material:
- gehobelte Bretter (ca. 2 cm x 12 cm, Vierkanthölzer) so lang und so breit wie die Müllbox, mit einem ungiftigen Holzschutzmittel imprägniert
- Winkeleisen und Schrauben als Eckverbindung

- Styroporplatten unterschiedlicher Dicke
- Dämm- bzw. Schutzvlies
- Wurzelabwehrfolie oder Teichfolie aus Polyethylen (Prüfsiegel 'FFL-getestet')
- Dränmatte oder Blähton
- Filtervlies
- Pflanzsubstrat (Zusammensetzung siehe unten)
- Natursteinbrocken zur Dekoration
- Pflanzenmaterial (siehe Pflanzenliste)

So wird's gemacht
Aus den Vierkanthölzern wird unter Zuhilfenahme der Winkeleisen ein Aufsatzrahmen zusammengeschraubt, der etwas kleiner als die Grundfläche der Müllbox ist, damit er nicht darüberrutscht. Zuunterst wird mit den Styroporplatten ein leichtes Gefälle (etwa zwei Prozent) gebaut, damit überschüssiges Regenwasser später abfließen kann. Der Abfluss sollte in Richtung einer wasserabführenden Seitenwand weg vom Haus gelegt werden. Darüber kommt das Dämmvlies. Als nächste Schicht folgt die wasserdichte Folie. Für diesen Zweck eignet sich Teichfolie. Sie wird so ausgelegt, dass sie an den Seitenwänden bis

Konstruktion einer Dachbegrünung für die Müllbox (Querschnitt)

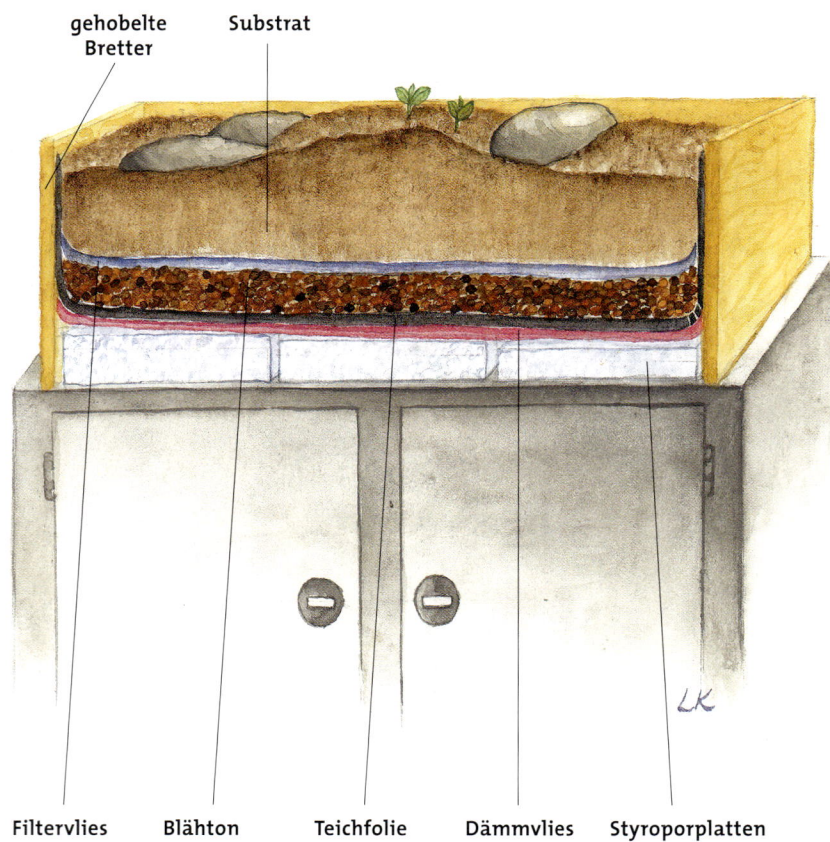

gehobelte Bretter   Substrat

Filtervlies   Blähton   Teichfolie   Dämmvlies   Styroporplatten

knapp unter die Oberkante anliegt. Am niedrigsten Punkt des Gefälles muss ein Wasseraustritt möglich sein. Am einfachsten sticht man dafür an der Kante einige Löcher in die Folie. Die nun folgende Dränageschicht (ca. 2 cm Blähton oder eine Dränmatte) wird von einem Filtervlies abgedeckt, damit das Substrat sie nicht verstopft. Als letztes wird eine am Rand etwa 6 cm dicke Schicht Substrat aufgefüllt, die sich zur Mitte hin erhöht und von dekorativen Natursteinbrocken stabilisiert wird.
Als geeignete Mischung hat sich bewährt: je ein Volumenanteil Einheitserde Typ P, gedämpfter Kompost, Bims und Lava, ein halber Volumenanteil Bentonit sowie je ein viertel Volumenanteil Gesteinsmehl und Vermiculite. Eine einfachere Mischung für anspruchslose Pflanzen besteht aus 50 Prozent Blähton, 30 Prozent sandig-lehmigem Unterboden und 20 Prozent humoser Gartenerde. Nach dem Aufbringen aller Materialien können entweder

Links: Das anspruchslose Seifenkraut bezaubert im zeitigen Frühjahr mit rosafarbenen Blüten.

Pflanzschlüssel für den Miniatursteingarten auf der Müllbox:

1 Dachwurz
   (*Sempervivum tectorum*) (1x)
2 Fetthenne
   (*Sedum spurium* 'Fuldaglut') (1x)
3 Gänsekresse
   (*Arabis procurrens*) (1x)
4 Ginster (*Genista lydia*) (1x)
5 Heidenelke
   (*Dianthus deltoides*) (3x)
6 Kugelblume
   (*Globularia repens*) (3x)
7 Mauerpfeffer
   (*Sedum floriferum*) (3x)
8 Rispen-Steinbrech
   (*Saxifraga paniculata*) (3x)
9 Scharfer Mauerpfeffer
   (*Sedum acre*) (1x)
10 Seifenkraut
   (*Saponaria ocymoides*) (3x)
11 Silberwurz
   (*Dryas* x *suendermannii*) (1x)
12 Sonnenröschen
   (*Helianthemum lunulatum*) (1x)
13 Tripmadam
   (*Sedum reflexum*) (1x)
14 Weißer Mauerpfeffer
   (*Sedum album*) (1x)

Jungpflanzen gesetzt oder Aussaaten vorgenommen werden. Für unser Beispiel wurden meist heimische Pflanzen der alpinen Region ausgewählt, weil sie den Anforderungen eines sonnigen, sommertrockenen Standortes am besten entsprechen. Als markantes Kleingehölz zieht im Frühsommer der gelbe Ginster die Blicke auf sich. Er erreicht maximal eine Höhe und Breite von etwa 60 cm, eignet sich daher gerade noch für solch eine kleine Anlage.

Bau eines Weidengeflechtzaunes

Schon vor Jahrhunderten wurden einfache Weidengeflechtzäune zum Einfassen von Gärten verwendet. Sie wirken ursprünglich, aber nicht plump und lassen sich leicht selbst herstellen. Das Beflechten macht übrigens auch Kindern großen Spaß. Die Haltbarkeit ist allerdings aufgrund des naturbelassenen Materials auf wenige Jahre beschränkt. Sehr hübsch sieht es aus, wenn man Kapuzinerkresse oder eine andere bäuerlich wirkende Kletterpflanze durch das Flechtwerk nach oben ranken lässt. Die Menge des Materials – dünne Äste für die Pfosten und einjährige Ruten für das Flechtwerk – richtet sich sowohl nach der Länge des Zaunes als auch nach seiner Höhe. Damit hohe Zäune nicht so kompakt wirken, kann man im oberen Drittel einen 15 bis 20 cm breiten horizontalen Streifen frei lassen und darüber den Abschluss wieder mit Weidenruten beflechten. Für einen solchen Zaun brauchen Sie weder Nägel noch Klebstoffe. Am besten errichtet man den Zaun in der Zeit von Oktober bis Februar, wenn die Weiden kahl sind und man die jungen, langen Triebe gut schneiden kann. Wenn Sie keine eigenen Weidenbäume haben, dann fragen Sie bei Landwirten in Ihrer Umgebung nach, bevor Sie zu Säge und Schere greifen. Einfach irgendwo etwas abschneiden sollte man auf keinen Fall! Im Anhang dieses Buches finden Sie auch Adressen, wo man Weidenruten beziehen kann.

Weidengeflechtzaun

So wird's gemacht

Nachdem die Stützpfosten im Abstand von etwa 40 bis 60 cm mindestens 40 cm tief in die Erde gerammt wurden, flechtet man die dünnen Weidenruten oder junge Haselruten im Zickzackmuster um die Pfosten. Ein Kiesbett im Pfostenloch erhöht übrigens die Haltbarkeit des Holzes durch die Dränagewirkung.

Die zweite Lage Weidenruten muss versetzt darüber geflochten werden und die nächste wiederum versetzt, damit der Zaun stabil wird. Am Endpfosten schlingt man die Weidenruten entweder u-förmig um den Pfosten und flechtet wieder in umgekehrter Richtung, oder man lässt die Enden etwas überstehen und bindet sie zum Schluss mit einem Stück Bast, Rinde oder Paketschnur zusammen. Das manchmal empfohlene Festnageln hat wenig Sinn, da die Nägel sich durch die Spannung der Ruten von selbst wieder aus dem Holz ziehen und man sich dann an ihnen verletzen könnte. Durch das Trocknen und Schrumpfen der Weidenruten im Frühjahr und Sommer stabilisiert sich der Zaun zusätzlich. Wenn die Pfosten aus frischem Weiden- oder Haselholz geschnitten wurden, kann es geschehen, dass sie im Frühjahr wieder ausschlagen und munter weiterwachsen. Sie haben dann einen „lebendigen" Zaun!

Bau eines Frühbeetes

Frühbeete gibt es als Bausatz oder fertig zum Aufstellen im Gartenfachhandel. Manchmal hat man aber besondere Ansprüche oder die angebotenen Formate passen nicht an die Stelle, die man für das Frühbeet vorgesehen hat. Es gibt viele Gründe, das Frühbeet selbst zu bauen. Einer der triftigsten ist einfach: Es macht Spaß! Wenn der Kasten gezimmert und befüllt ist, gibt es kaum etwas Schöneres, als das Wunder der Keimung und des Wachsens der Pflanzen zu beobachten!

Für das Frühbeet wird ein 30 bis 40 cm hoher, rahmenförmiger Kasten mit nach unten offenem Boden gezimmert. Die Rahmengröße richtet sich nach den verwendeten Scheiben, die aufgelegt werden. Alte Sprossenfenster oder andere in einen Rahmen eingepasste Fensterscheiben eignen sich gut für diesen Zweck. Notfalls leisten auch mit klarer Folie bespannte Kanthölzer gute Dienste. Die Rückwand des Kastens muss etwa 25 cm höher als die Vorderseite sein. Richten Sie das Frühbeet so aus, dass die Scheiben nach Süden geneigt sind. Ab Mitte Februar kommt die „Wärmepackung" ins Frühbeet. Dazu wird der Innenraum des Frühbeetes etwa 60 cm tief ausgehoben. Als unterste Schicht streut man zur Isolation 3 cm hoch unverrottetes Laub auf den Boden. Dann wird frischer, strohhaltiger Pferdemist aufgebracht und bis auf 35 cm Höhe festgetreten. Mit den Fenstern abgedeckt muss diese Lage drei Tage ruhen. Dann kommen nochmal 2 cm Herbstlaub und abschließend 20 cm Aussaaterde oder reifer, mit Gartenerde gemischter, gesiebter Kompost darüber. Anschließend kann gesät oder gepflanzt werden.

Die durch den Mist entstehende Wärme wirkt wie eine Fußbodenheizung und bringt die

Saat zum Keimen. Eine zusätzliche Isolation mit Erde oder Laub, die um die Seitenwände gelegt wird, verhindert ein Entweichen von Wärme. Bei starker Sonneneinstrahlung müssen die Glasscheiben mit Vlies oder Strohmatten schattiert werden, damit die Jungpflanzen nicht verbrennen. An besonders warmen Tagen kann gelegentliches Lüften ein Auftreten von Pilzerkrankungen vorbeugen.

Pflanzen und Pflegen einer Blütenhecke

Als attraktiven Blick- und Windschutz gibt es fast nichts Schöneres als eine Blütenhecke, die den Garten entweder zur Seite oder nach hinten abschließt.
Normale Hecken aus Lebensbaum oder Scheinzypressen werden so dicht gepflanzt, dass sie absolut blickdicht sind. Als Faustregel für die Berechnung der

benötigten Anzahl von Heckenpflanzen gilt hier: Für einen Meter Wuchshöhe braucht man bei einreihiger Bepflanzung drei bis vier Sträucher pro laufendem Meter Hecke. Blütenhecken können auch lockerer gepflanzt werden, da sie umso schöner blühen, je mehr Licht sie bekommen. Nicht formierte Heckengehölze können einen bis eineinhalb Meter Abstand vertragen. Soll die Hecke allerdings nicht nur schön aussehen, sondern auch jegliche Blicke abhalten und die Funktion eines dichten Zaunes erfüllen, durch den kein Hund mehr ungebeten in den Garten schlüpfen kann, dann muss die Bepflanzung recht dicht erfolgen.
Gepflanzt wird in frostfreien Boden am besten im September/Oktober, vor Eintritt der Vegetationspause im Winter. Dann können die Pflanzen noch gut einwurzeln und starten im nächsten Frühjahr gleich durch. Wird der Herbsttermin versäumt, kann auch an milden Vorfrühlings-

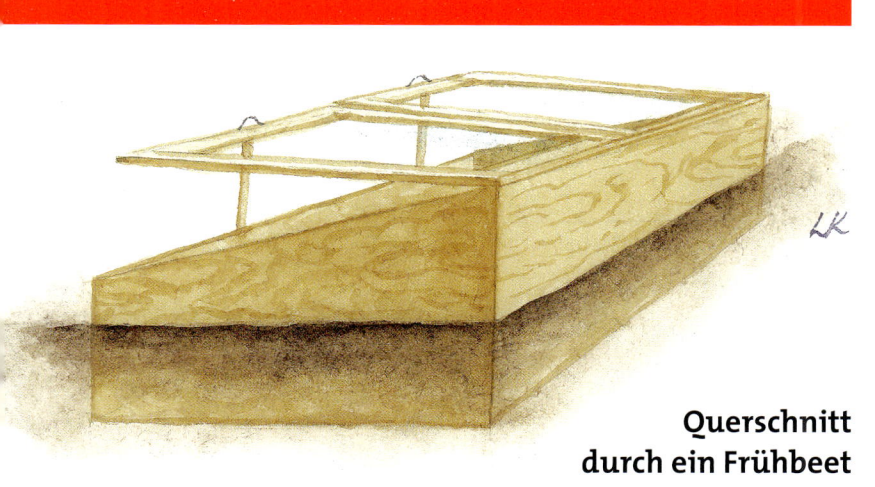

Querschnitt durch ein Frühbeet

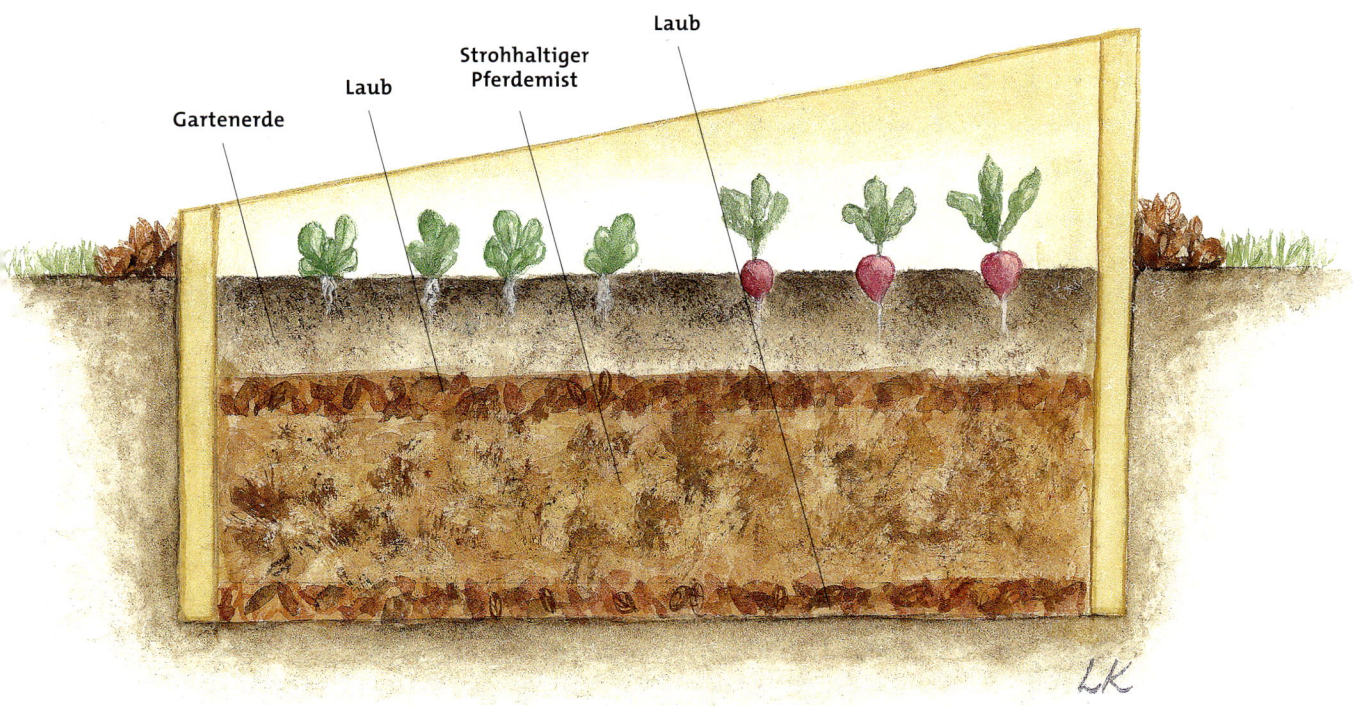

Laub

Strohhaltiger Pferdemist

Laub

Gartenerde

tagen noch gepflanzt werden. Wässern Sie die Ballen der Heckenpflanzen vor dem Setzen einige Stunden in einer Wanne und schneiden Sie stärkere alte Wurzeln etwas an, um die Neubildung von jungen Wurzeln zu aktivieren. Die Zweige – vor allem geknickte – werden nur geringfügig zurückgeschnitten. Eine Hand voll Hornspäne im Pflanzloch sorgt für einen guten Start. Breiten Sie die Wurzeln vorsichtig im Pflanzloch aus und füllen Sie Erde auf. Bei größeren Gewächsen rüttelt man etwas an der Pflanze, damit die Erde auch in Hohlräume des Wurzelballens rutscht. Die Pflanze muss genauso tief im Boden stehen, wie sie vorher in der Baumschule oder im Pflanzcontainer stand. Ein Gießrand oder eine Gießrinne erleichtert das notwendige reichliche Wässern

Weithin leuchten im Frühjahr die schwefelgelben Blütenstände der Mahonien und locken hungrige Bienen an.

Pflanzschlüssel für eine Blütenhecke:

1 Blutjohannisbeere (*Ribes sanguineum*)
2 Felsenbirne (*Amelanchier lamarckii*)
3 Gemeiner Schneeball (*Viburnum opulus*)
4 Haselnuss (*Corylus avellana*)
5 Kolkwitzie (*Kolkwitzia amabilis*)
6 Mahonie (*Mahonia* x *media* 'Winter Sun')
7 Pfeifenstrauch (*Philadelphus*-Hybride)
8 Scharlachfuchsie (*Fuchsia magellanica*)
9 Scheinhasel (*Corylopsis pauciflora*)
10 Spierstrauch (*Spiraea nipponica*)
11 Waldrebe (*Clematis flammula*)
12 Winterjasmin (*Jasminum nudiflorum*)
13 Zaubernuss (*Hamamelis* x *intermedia* 'Feuerzauber')
14 Zierquitte (*Chaenomeles speciosa* 'Moerloosei')
15 Zwergschneeball (*Viburnum* x *burkwoodii*)

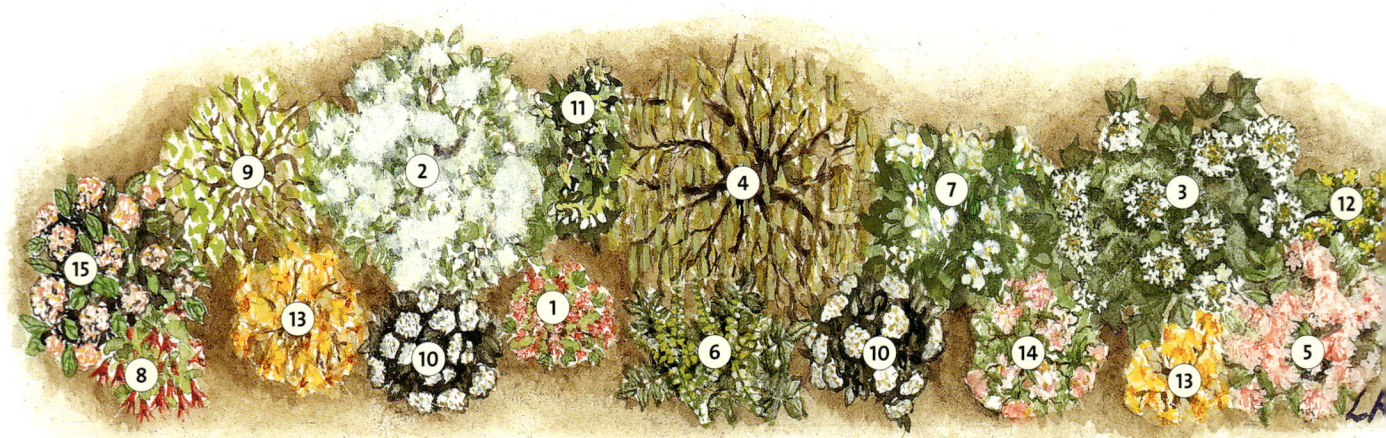

Für eine Blütenhecke von etwa 12 m Breite und 2,5 bis 3 m Tiefe empfiehlt sich eine Mischung aus Frühjahr- und Herbstblühern. Die Waldrebe *Clematis flammula* klettert selbst zwischen den Gehölzen empor. Der Winterjasmin muss allerdings aufgebunden werden, um seine volle Blütenpracht im Winter zur Geltung bringen zu können.

Rechts: Verholzte Zweige werden knapp oberhalb einer Verzweigung so geschnitten, dass der verbleibende Rest des Zweiges in die gewünschte Richtung (meistens vom Hauptstamm nach außen) weiterwachsen kann.

Blüten in jeder Saison: schnittverträgliche Blütengehölze für Hecken

Zeitiges Frühjahr:

Vorfrühlingsschneeball (*Viburnum farreri*), Haselnuss (*Corylus avellana* u. a.), Kornelkirsche (*Cornus mas*), Scheinhasel (*Corylopsis pauciflora* u. a.), Winterblüte (*Chimonanthus praecox*), Zaubernuss-Sorten (*Hamamelis*).

Frühjahr:

Blutjohannisbeere (*Ribes sanguineum*), Felsenbirne (*Amelanchier*), Flieder (*Syringa vulgaris*), Goldglöckchen (*Forsythia*), Goldregen (*Laburnum*), Mahonie (*Mahonia repens*), Purpurweide (*Salix purpurea*), Ranunkelstrauch (*Kerria japonica*), Zierquitte (*Chaenomeles japonica, C.* x *superba*).

Frühsommer:

Berg-Waldrebe (*Clematis montana*), Blütenhartriegel (*Cornus kousa, C. florida*), Gemeiner Schneeball (*Viburnum opulus*), Heckenkirsche (*Lonicera* x *heckrottii*), Kolkwitzie (*Kolkwitzia amabilis*), Pfeifenstrauch (*Philadelphus*-Arten), Schwarzer Holunder (*Sambucus nigra*), Weigelie (*Weigela*).

Hochsommer:

Jelängerjelieber (*Lonicera caprifolium*), Säckelblume (*Ceanothus*-Hybriden), Sommerflieder (*Buddleia davidii*), Spierstrauch (*Spiraea nipponica*), Strauchkastanie (*Aesculus parviflora*), Strauchrosen (*Rosa*-Arten), Waldrebe (*Clematis orientalis* u. a.).

Spätsommer:

Roseneibisch (*Hibiscus syriacus*), Sommerflieder (*Buddleia davidii*), Strauchrosen (*Rosa*-Arten), Waldrebe (*Clematis flammula*).

Herbst:

Efeu (*Hedera*), Scharlachfuchsie (*Fuchsia magellanica*).

Winter:

Mahonie (*Mahonia japonica, M.* x *media*), Winterjasmin (*Jasminum nudiflorum*), Zwergschneeball (*Viburnum* x *burkwoodii*), Zaubernuss (*Hamamelis*-Arten).

nach dem Pflanzen. Besonders in Gegenden mit starken Winden müssen größere Sträucher notfalls angepflockt oder mit einem Draht stabilisiert werden.

Die Pflege: Auslichten und Rückschnitt

Eine Blütenhecke ist relativ pflegeleicht. Gelegentliche Gaben von Kompost oder einem organischen Dünger zur Hauptvegetationszeit (Frühjahr) danken sie mit reicherem Blütenflor. Nur bei manchen Arten wie dem Flieder müssen die verwelkten Blüten ausgeschnitten werden. Herbstlaub kann zwischen der Hecke liegen bleiben, aber von Wegen, Sitzplätzen und dem Rasen muss es abgekehrt werden. Die wichtigste Pflegemaßnahme ist der Schnitt. Nach wenigen Jahren werden Ihnen die Gehölze über den Kopf wachsen und auch die Blühfreude lässt mit jedem Jahr nach, wenn Sie nicht rechtzeitig die Schere ansetzen.

Oben: Beim Schnitt junger Zweige mit Knospenansätzen wird knapp oberhalb einer Knospe geschnitten. Die Knospe sollte möglichst nach außen, vom Stamm weg gerichtet sein, damit der neue Trieb nicht nach innen in die Krone wächst.

Manch einer fürchtet sich vor einschneidenden Maßnahmen – jedoch völlig zu Unrecht, denn die meisten Blütengehölze nehmen auch einen verkorksten Schnitt nicht übel, sondern treiben munter wieder aus. Beim nächsten Mal kann man dann Fehler leicht korrigieren. Alle im Frühjahr an vorjährigen Trieben blühenden Gehölze schneidet man nach der Blüte im Spätfrühling bis Sommer, sodass die danach austreibenden neuen Zweige bis zum Herbst aushärten können und dem Frost besser standhalten. Alle Gehölze, die an einjährigen Trieben blühen, können an frostfreien Tagen im Winter zurückgeschnitten werden.

Alle vier bis fünf Jahre ist eine grundlegende Verjüngung sinnvoll, bei der altes Holz ausgeschnitten wird, um jungen, frischen und blühfreudigen Trieben Platz zu schaffen. Überschüssige Bodentriebe, die vor sich hinkümmern und den Strauch nur Kraft kosten, werden entweder ausgegraben und ab-gerissen oder oberirdisch so tief wie möglich abgeschnitten.

Bau eines einfachen Rosenbogens

Wo Länge und Breite eines Reihenhausgartens enge Grenzen setzen, kann man in die dritte Dimension ausweichen und den Garten in die Höhe erweitern. An Rankgerüsten und Pergolen lassen sich Kletterpflanzen, Spalierobst und duftende Kletterrosen emporziehen. Wem die im Baumarkt oder Gartencenter angebotenen Bausätze nicht gefallen oder wer sich einfach lieber selbst handwerklich betätigen möchte, kann relativ leicht einen Rosenbogen aus Leitergerüsten anfertigen. Solch eine „hausgemachte" Rankhilfe lässt sich hervorragend an individuelle Gartensituationen anpassen, z. B. um einen Gartenweg zu überspannen oder als Durchgang vom Zier- zum Nutzgarten. Ob mit einem Rundbogen, einem Spitzgiebel oder eckig – wichtig ist vor allem die gute Verankerung im Boden – am besten mit einem verzinkten Pfostenträger, der stauende Nässe an Holzteilen verhindert – und ein Schutzanstrich mit einem ungiftigen Holzschutzmittel, damit die Konstruktion einige Jahre hält. Am besten bewährt hat sich eine Konstruktion

aus zwei Holmen, die wie eine Leiter in regelmäßigen Abständen mit Querlatten verbunden werden. Man kann die Pflanzentriebe einfach durch die Öffnungen hindurchschieben oder sie, wenn sie widerspenstig sind, daran anbinden.

Material:

- 4 Vierkanthölzer als senkrechte Pfosten, ca. 8 x 8 x 215 cm
- 2 Vierkanthölzer als Sattelbalken, ca. 6 x 10 x 170 cm
- 24 Vierkanthölzer als Leitersprossen, ca. 3 x 4 x 50 cm
- 4 Pfostenträger aus verzinktem Metall
- Beton zum Gießen des Pfostenträger-Sockels
- verzinkte Schrauben

So wird's gemacht:

Messen Sie den Abstand der Bogenbreite und bestimmen Sie die Mindesthöhe der Konstruktion. Bedenken Sie dabei, dass die Pflanzen etwas herabhängen. Dennoch sollten Sie ungehindert aufrecht hindurchschreiten können. Die Breite muss ausreichend sein, um auch mit einem Schubkarren hindurchfahren zu können. Für unser Beispiel wurde eine Höhe von etwa 225 cm und eine Breite von 150 cm gewählt. Setzen Sie zunächst die Pfostenträger: Sie werden am besten in Beton fixiert, der in eine zuvor ausgeschachtete Grube (25 x 25 x 50 cm) gegossen wird. Man kann alternativ auch Bodenhülsen aus verzinktem Metall tief in die Erde einschlagen, sofern der Untergrund dies zulässt. Die parallel gesetzten senkrechten Pfosten stehen nun einige Zentimeter über dem Boden und ohne direkten Kontakt zum Erdreich. Sie sollten einen Abstand von 25 cm zueinander

haben und zu den gegenüberliegenden einen Abstand von 150 cm. An beiden Seiten stehen die Sattelbalken etwa 10 cm über die senkrechten Pfosten hinaus. Die 50 cm langen Leitersprossen werden in regelmäßigen Abständen an die Trägerkonstruktion geschraubt. Sie stehen dann an beiden Enden knapp 5 cm über. Vergessen Sie nicht, das Holz gegen Fäulnis und Pilzbefall zu imprägnieren.

Platz sparen mit Hochbeeten

Einen ertragreichen Gemüsegarten auf kleinstem Raum anlegen – das Hochbeet, eine noch platzsparendere Form des „Gartenwunders" Hügelbeet, ist bestens dazu geeignet, auch in kleinen Reihenhausgärten reiche Ernten einzufahren. Das Geheimnis besteht in der besonderen Situation, die solch ein Hochbeet schafft: Die exponierte Lage und der besondere Aufbau der Sub-

Links: Pfostenstützen aus Metall, die in einen Betonsockel eingelassen wurden, geben festen Halt und schützen das untere Pfostenende vor Verrottung.

Unten: Ideale Partner für Kletterrosen an einer Pergola oder einem Rosenbogen sind Waldreben (Clematis), deren oft blaugetönte Blütensterne alle rot- und rosafarbenen Rosensorten attraktiv ergänzen.

Konstruktion eines Hochbeetes

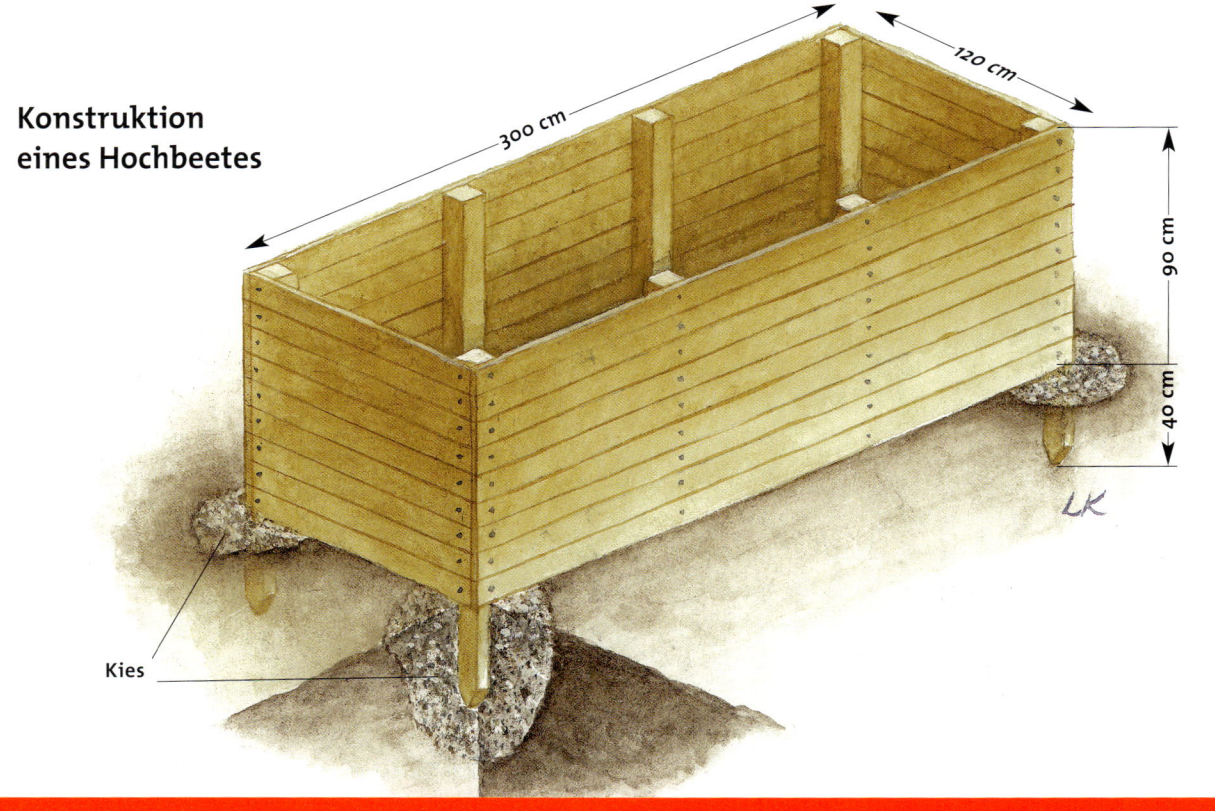

300 cm

120 cm

90 cm

40 cm

Kies

LK

stratschicht sorgen für reiche Nährstoff- und Lichtzufuhr sowie ein optimales Mikroklima. Übrigens eignen sich Hochbeete auch für all jene Gärtner, die sich nicht gerne bücken. Die Beete müssen nur so konzipiert sein, dass vom Rand her eine bequeme Bearbeitung möglich ist, ohne dass man in das Beet hineintreten muss.

Man kann imprägnierte Rundpalisaden aus Holz und Halbrundhölzer oder andere verwitterungsbeständige Materialien zum Bau eines Hochbeetes verwenden. Alte Balken aus Abbruchhäusern eignen sich ebenfalls gut. Recycling-Baumaterialien sind über Kleinanzeigen oder den Handel erhältlich. Letztere werden einfach aufgeschichtet und halten durch das hohe Eigengewicht praktisch ohne zusätzliche Fixierung. Für unser Beispiel wurde jedoch eine Konstruktion aus druckimprägnierten Vierkantpfosten und Hobel-

brettern gewählt, wie sie in jedem Baumarkt und Gartencenter erhältlich sind.

Material:
Für ein Hochbeet von ca. 95 cm Höhe, 1,2 m Breite und 3 m Länge brauchen Sie:
- 8 Vierkantpfosten (imprägniert), ca. 9 x 9 cm Durchmesser, ca. 140 cm lang,
- 18 gehobelte Bretter (imprägniert), ca. 2,8 cm dick, ca. 12 cm breit, 300 cm lang,
- 18 gehobelte Bretter (imprägniert), ca. 2,8 cm dick, ca. 12 cm breit, 120 cm lang,
- ca. 12 Eimer Kies für die Dränage, eventuell Beton zum Gießen der Sockel.
- ca. 6,5 m² engmaschigen, verzinkten Draht ("Kückendraht")
- Schrauben (verzinkt)

Die Kosten für diese stabile, langlebige Holzkonstruktion (einschließlich des Kücken-

drahtes) betragen etwa 500,– DM (255,– Euro).

Für die Befüllung:
- Gehölzschnitt
- Grobkompost, Rasensoden, halbverrotteter Pferdemist oder Küchenabfälle
- Falllaub
- fertiger, feinkrümeliger Kompost

So wird's gemacht:
Heben Sie den Boden in Größe des Beetes etwa einen Spaten tief aus und legen Sie die Erde beiseite. Sie wird später zum Abdecken der einzelnen Schichten und als oberste Pflanzschicht wieder benötigt. An den Ecken und in Abständen von etwa 120 cm setzen Sie imprägnierte Vierkanthölzer als Eck- bzw. Stabilisierungspfosten mindestens 40 cm tief in ein Kiesfundament, das die zu rasche Verrottung verhindert. Für besonders dauerhafte Lösungen können die

Palisaden auch einbetoniert werden. Die Erde auf dem Grund des Beetes wird mit einer Grabegabel gründlich aufgelockert. Jetzt werden Hobelbretter als Randbegrenzung mit verzinkten Schrauben an die Vierkantpfosten angebracht. Bevor das Beet befüllt wird, legt man einen engmaschigen, verzinkten Maschendraht auf dem Boden aus und zieht ihn etwas an den Seiten hoch. Das soll verhindern, dass Wühlmäuse von unten in das Beet einwandern. Um das Hochbeet können Trittplatten verlegt werden, auf denen man auch bei feuchtem Wetter sicher steht. Besonders stimmig sehen Holzfliesen aus, die es im Maß 50 x 50 cm fertig im Handel gibt (ca. 7,– DM/3,60 Euro pro Stück).

Die Befüllung

Zuunterst wird eine etwa 30 cm dicke Schicht Gehölzschnitt eingebracht und gut festgetreten. Das sorgt für die nötige Belüftung der unteren Bodenschichten. Die nächste, etwa 15 cm dicke Lage besteht aus Rasensoden, unreifem Kompost, Küchen-

abfällen oder halbverrottetem Pferdemist. Sie wird mit 10 cm Gartenerde abgedeckt. Darüber werden 25 cm feuchtes Laub, mit Gartenerde vermischt, ausgebracht und wieder 5 cm hoch mit Gartenerde bedeckt. Eine ungefähr 15 cm dicke Schicht aus verrottetem Kompost und ein 10 bis 15 cm dicker Mantel aus feinkrümeliger Gartenerde bilden den Abschluss. Da das Beet anfangs innen etwa 20 bis 25 cm tiefer ausgeschachtet wurde, sollte die Erdoberfläche jetzt in etwa 90 cm Höhe liegen. An-

schließend kann bepflanzt werden. Vorgezogene Setzlinge wachsen besonders schnell an und bringen schon bald reiche Erträge. Tomaten und andere hoch wachsende Pflanzen gehören an den Nordrand, damit sie andere Gemüse und Kräuter nicht beschatten. Denken Sie daran, hängende Pflanzen wie Gurken, Zucchini oder Kapuzinerkresse an den Rand zu setzen, damit deren Ranken die Holzwände beschatten können. Das sorgt für ein ausgeglicheneres Bodenklima im Inneren des Hochbeetes.

Für viele Gemüsesorten ist ein Hochbeet ideal, aber auch Küchenkräuter und Blumen können so bequem in Hüfthöhe geerntet werden.

Das erste Jahr: schnelles Grün für Ungeduldige

Im ersten Sommer fehlt es oft an allem: Die Gehölze können erst im Herbst gepflanzt werden, der Rasen ist noch schütter, die Stauden sehen kümmerlich aus und die Strauchrosen tun zwar ihr bestes, schaffen es aber dennoch kaum, über Kniehöhe hinauszukommen. Dennoch sind Blüten der Inbegriff eines schönen Gartens. Für einen Blitzstart im ersten Jahr mit üppigen Blüten und vielfältig bunter Pracht gibt es einige Tricks: Einjährige Sommerblumen, Kübelpflanzen, Zwiebelgewächse und wuchsfreudige, einjährige Kletterpflanzen bringen praktisch im Handumdrehen Leben in den jungen Garten und überbrücken so die Zeit, bis die Dauerbepflanzung sich etabliert hat. Denken Sie daran, dass bei Einjährigen und Zwiebelpflanzen eine gute Grunddüngung vor dem Pflanzen wichtig ist; danach brauchen besonders die einjährigen Sommerblüher noch gelegentliche Düngergaben. Ein Tipp: Möchte man ein Blüten-meer mit Tagetes, Ringelblumen, Zinnien und Bechermalven anlegen, ist es wesentlich preiswerter, die Aussaat im Frühjahr selbst vorzunehmen, statt im Frühsommer fertige Pflanzen zu kaufen. Samentütchen gibt es oft schon ab März in vielen Geschäften zu kaufen.

Kübelpflanzen

Viele exotische Arten haben in den letzten Jahren Einzug in den Garten gehalten oder werden bereits seit Generationen als Kübelpflanzen geschätzt. Recht schnell und üppig entwickeln sich Oleander *(Nerium oleander)*, Strauchmargeriten *(Argyranthemum frutescens)*, Engelstrompeten *(Datura sanguinea* u. a.) und – für einen farbenfrohen Herbst – Chrysanthemenbüsche *(Dendranthema-Grandiflora-*Hybriden). Indisches Blumenrohr *(Canna Indica-*Hybriden) und Dahlien können ebenfalls als Kübelpflanzen gezogen werden. Viele andere Exoten, darunter auch Bananenstauden, Palmen, Brautmyrten oder Bougainvilleen, kann man gelegentlich als Schnäppchen ergattern. Denken Sie bei Kübelpflanzen an einen sicheren Stand (und ausreichende Dränage). Terrakottakübel stehen übrigens durch ihr Gewicht besser als Kunststoffgefäße. Die meisten sind zwar recht durstig, vertragen jedoch keine Staunässe. Übrigens sieht es sehr hübsch aus, wenn man bei Hochstämmchen niedrige Einjährige wie Duftsteinrich, Zweizahn oder Million-Bells-Zwergpetunien mit in die Töpfe pflanzt.

Zwiebel- und Knollengewächse

Besonders Zwiebel- und Knollengewächse wie Tulpen, Narzissen, Lilien und andere sind wahre Schnellstarter, die schon im ersten Jahr ihre volle Größe erreichen und üppig blühen. Nicht frostharte Arten wie Gladiolen, Dahlien und Indisches Blumenrohr werden oft erst im Mai in die Erde gebracht – ideal für ungeduldige Gärtner, die bald einen Erfolg sehen möchten!

Links: Bunte Beete mit Einjährigen überbrücken leere
Stellen, bis sich die Dauerbepflanzung etabliert hat.

Rechts: Leuchtend bunte
Herbstchrysanthemen im Topf
und einige dekorative Kürbisse
vom Wochenmarkt können im
Herbst als Blickfang eingesetzt werden.

Links: Schon im ersten Jahr
überraschen Dahlien durch
ihre üppige Blütenpracht.
Die rosaweiße Sorte 'Heidi'
gehört wegen ihrer bizarren
Blütenform zu den Semi-
Kaktusdahlien.

**Zwiebel- und Knollenpflanzen,
die noch im zeitigen Frühjahr
gesteckt werden können:**

Zierlauch (Allium-Sorten)
Garten- oder Kronenanemonen
    (Anemone coronaria)
Hakenlilien (Crinum x powellii)
Hyazinthen
    (Hyacinthus orientalis)
Lilien (Lilium-Hybriden)
Spät blühende Tulpensorten
    (Tulipa)

**Nicht frostharte Zwiebel- und
Knollenpflanzen, die ab Mitte Mai
gesteckt werden:**

Knollenbegonien
    (Begonia x tuberhybrida)
Indisches Blumenrohr
    (Canna-Indica-Hybriden)
Montbretien
    (Crocosmia-Hybriden)
Dahlien (Dahlia-Hybriden)
Gartengladiolen
    (Gladiolus-Hybriden)

**Einjährige Kletterpflanzen
für schnelle Begrünung:**

Glockenrebe (Cobaea scandens)
Schönranke (Eccremocarpus scaber)
Zierkürbis (Cucurbita pepo)
Feuerbohne (Phaseolus coccineus)
Prachtwinde (Pharbitis purpurea,
    syn. Ipomoea purpurea)
Japanischer Hopfen
    (Humulus scandens)
Trichterwinde (Ipomoea tricolor)
Mina-Prachtwinde (Quamoclit
    lobata, syn. Ipomoea versicolor)
Kapuzinerkresse (Sorten)
    (Tropaeolum spec.)

Oben: Die im Herbst blühenden Japananemonen tolerie-
ren auch schattige Standorte.

Links: Hohe Bartiris gehören
zu den absoluten Stars im
Blumenbeet. Es lohnt sich
bei der Auswahl auf besondere Sorten zu achten. Die
zartrosa 'Vanity' ist eine
Züchtung aus dem Jahr 1975.

Pflanzen im Porträt

Eine Auswahl an Blumen, Nutzpflanzen und Gehölzen

Astern halten für den Spätsommer eine breite Palette leuchtender Blau- und Rottöne bereit. Die Rauhblattaster 'Rubinschatz' wird ihrem Namen durchaus gerecht.

Das Geheimnis eines attraktiven Gartens liegt unter anderem in der Auswahl der richtigen Pflanzen. Kletterpflanzen, Gehölze, Blüten- und Blattschmuckstauden sowie Obst und Gemüse werden im Handel in einer kaum noch überschaubaren Vielzahl angeboten. In unseren Beispielentwürfen wurde eine große Zahl an Pflanzen empfohlen, die vielleicht nicht jedem Anfänger bekannt sind. Der Porträtteil dieses Buches stellt die wichtigsten Arten vor und nennt meistens auch Sorten (Vertreter einer Art mit besonderen Eigenschaften, z. B. weißbunt gezeichnetem Laub, extra großen Blüten oder zwergwüchsige Varianten), die sich speziell für Reihenhausgärten gut eignen. Im daran anschließenden Adressenteil findet man Bezugsquellen für ausgefallenere Arten.

Robuste Kletterpflanzen für schnellen Sichtschutz

Mehrjährige und immergrüne Kletterpflanzen

Wisteria sinensis, W. floribunda
Blauregen

Wuchsform: Schlinger
Höhe: Bis zu 10 m, *W. sinensis* sogar bis zu 35 m.

Blüte: 30 cm lang herabhängende, blauviolette Blütentrauben.
Blütezeit: April/Mai.
Schnitt: Ein jährlicher starker Rückschnitt fördert die Blütenbildung.
Besonderes: Verträgt kalkige Böden nicht, liebt humose, feuchte Erde und sonnige Standorte.
Empfehlenswerte Sorten: *Wisteria sinensis* 'Alba' (weiße Blüten), 'Plena' (dunkellila, dicht gefüllt), 'Black Dragon' (dunkelviolett, halbgefüllt), *Wisteria floribunda* 'Alba' (weiß), 'Violacea Plena' (violettblau, gefüllt), 'Macrobotrys' (großblättrig, mit 50 bis 60 cm langen, lockeren Blütenständen).

Geißblatt

Lonicera
Geißblatt

Wuchstyp: Schlinger
Höhe: Je nach Sorte 3 bis 10 m.
Blüte: Gelb-weiß *(L. caprifolium)*, rot *(L. x brownii)*, purpurgelb *(L. heckrottii)* u. a.
Blütezeit: Je nach Sorte von April bis Oktober.
Schnitt: Nur bei Bedarf bzw. bei Verkahlen älterer Pflanzen, am besten im Frühjahr vor dem Austrieb.
Besonderes: Alle Sorten sind voll frosthart. *L. henryi* und *L. sempervirens* sind immergrün.
Empfehlenswerte Sorten: *Lonicera* x *brownii* 'Dropmore Scarlet' (wächst schnell und kräftig, bis 4 m hoch), *L. heckrottii* 'Goldflame' (Feuergeißblatt; bis 4 m hoch); *L. caprifolium* ('Jelängerjelieber'; bis 6 m hoch), *L. henryi* (bis 10 m), *L.* x *telmanniana* (Goldgeißblatt; goldgelbe Blüten, bis 5 m hoch), *L. periclymenum* 'Belgica' (Waldgeißblatt, bis 6 m hoch).

Parthenocissus tricuspidata

Jungfernrebe

Wuchstyp: Wurzelkletterer.
Höhe: Bis 20 m.
Blüte: Unscheinbar grüngelb; im Herbst blauschwarze (nicht essbare) Beeren.
Blütezeit: Mai.
Schnitt: Jederzeit möglich.
Besonderes: In rauen Lagen nicht ganz winterharter, sehr starkwüchsiger, selbsthaftender Fassadenbegrüner. Reihenhausbesitzer sollten vor dem Pflanzen mit den Nachbarn sprechen, da diese Gewächse alle Grenzen ignorieren und rapide große Flächen erobern. Zurückgefrorene Pflanzen treiben wieder aus. Für sonnige bis halbschattige Standorte, nicht aber für Nordwände. Schöne Herbstfärbung.
Empfehlenswerte Sorten:
Parthenocissus tricuspidata 'Purpurea' (braunrote Blätter), 'Aurata' (goldgelbe Blätter), 'Lowii' (kleine, glänzend grüne Blätter), 'Greenspring', 'Veitchii'.

Kiwi

Actinidia chinensis

Kiwi

Wuchstyp: Rankenkletterer.
Höhe: Bis 12 m.
Blüte: Grünlichweiß bis gelb in kleinen Gruppen angeordnet, 5 bis 7 cm Durchmesser.
Blütezeit: Mai/Juni; essbare Beerenfrüchte („Chinesische Stachelbeere") reifen im Herbst.
Schnitt: Früchte entwickeln sich nur an zweijährigem Holz, daher beim Winterschnitt genügend einjährige Ranken stehenlassen.

Besonderes: Voll frosthart. Die meisten Sorten sind zweihäusig, d. h. man muss, um Früchte zu ernten, zu jeder männlichen Pflanze mindestens eine weibliche dazusetzen.
Empfehlenswerte Sorten:
Actinidia chinensis 'Jenny' (ausnahmsweise einhäusige Sorte, männliche und weibliche Blüten an einer Pflanze, weshalb man sie, z. B. bei Platzmangel im kleinen Reihenhausgarten, auch als Einzelpflanze setzen kann).

Jungfernrebe

Trompetenblume

VII-IX

Campsis

Trompetenblume

Wuchstyp: Rankenkletterer, ältere Pflanzen entwickeln Haftwurzeln.
Höhe: Bis 10 m.
Blüte: Orangerote, 6 bis 9 cm lange Kelche, die in Büscheln zusammenstehen.
Blütezeit: Juli bis September.
Schnitt: Im Winter die jüngsten Achsen einkürzen, um den Austrieb junger, blütentragender Triebe zu fördern.
Besonderes: Nur die Art *Campsis radicans* ist voll frosthart. Pflanzen brauchen nährstoffreichen, nicht sauren Boden und viel Sonne. Die ersten Blüten erscheinen manchmal erst fünf Jahre nach dem Pflanzen.
Empfehlenswerte Sorten: *Campsis radicans* 'Sanguinea praecox' (scharlachrot), 'Yellow Trumpet' (syn. 'Flava', gelb), 'Florida' und 'Flamenco' (rotorange).

Clematis

Waldrebe

Wuchstyp: Rankenkletterer.
Höhe: Je nach Sorte, bis zu 20 m.
Blüte: Sternförmige Rosetten mit auffälligen Staubgefäßen; Farbe und Größe variieren je nach Sorte.
Blütezeit: Je nach Sorte von April bis September. Es gibt einmal- und öfterblühende Sorten.
Schnitt: Wildarten wie *Clematis alpina* und *C. montana* blühen am vorjährigen Holz und brauchen keinen Rückschnitt. Die meisten Hybriden, die zweimal im Jahr blühen (Mai/Juni und August/September) werden an den Spitzen nur leicht zurückgeschnitten, am besten im Herbst. Zähe Hybriden und Wildarten, die im Sommer aus neuen Trieben blühen (z. B. *C. viticella* und *C.* Jackmannii-Hybriden) werden im Spätherbst

oder im Frühjahr vor dem Austrieb auf etwa 30 bis 80 cm über dem Boden zurückgeschnitten, sonst verkahlen die Pflanzen von unten und blühen nur in großer Höhe.
Besonderes: Waldreben lieben dunkle, feuchte Füße (aber keine Staunässe!) und einen hellen, sonnigen Kopf. Sie bevorzugen kalkige Böden. Beste Pflanzzeit ist im Herbst; junge Pflanzen lassen sich manchmal einige Jahre Zeit, bis sie richtig gedeihen. Tipp: Waldreben lassen sich hervorragend mit Rosen an einer Pergola kombinieren.
Empfehlenswerte Sorten: Berg- oder Anemonenwaldrebe (*Clematis montana*): einmalblühend in weiß oder rosa im Mai/Juni, 8 bis 12 m hoch. Schöne Sorten: 'Pink Perfection', 'Alexander' und 'Grandiflora'. Alpen-Waldrebe (*Clematis alpina*): Einmalblühend im April/Mai in blau und violettblau, schwachwüchsig (bis ca. 2,5 m hoch), daher ideal für kleine Gär-

VI-IX
Waldrebe 'The President'

ten, Terrassen und Sichtschutzwände. Mongolische Waldrebe (*Clematis tangutica*): kleine, gelbe Blütenglöckchen von Juli bis Oktober und sehr dekorative Fruchtstände im Herbst. Dicht, aber niedrig wachsend (3 bis 4 m), daher ideal für kleine Gärten, Terrasse und Sichtschutzwände. Kleinblütige Wildform: Clematis terniflora, siehe S. 119 unten (syn. *C. maximowicziana, C. paniculata*): im Sommer Gruppen kleiner, duftender weißer Blüten (2 bis 3 cm groß) und im Herbst dekorative Balgfrüchte; für vollsonnige Lagen, wird etwa 6 m hoch. Großblumige Hybriden: 'Hagley Hybrid' (*Clematis-Jackmannii*-Gruppe): von Juli bis September große (bis 15 cm), rosafarbene Blüten; schwachwüchsig (bis 2,5 m hoch). 'The President', siehe S. 118 unten (*Clematis patens*-Gruppe): große (bis 18 cm), dunkelviolettblaue Blüten von Juni bis Oktober; schwachwüchsig (bis 3 m hoch).

VI-VII

Clematis terniflora

Wilder Wein

VI

Parthenocissus quinquefolia

Wilder Wein

Wuchstyp: Rankenkletterer mit Haftscheiben; braucht eine stabile Rankhilfe.
Höhe: Bis 15 m.
Blüte: Unscheinbar gelbgrün. Blauschwarze (nicht essbare) Beeren reifen im Herbst.
Blütezeit: Juni.
Schnitt: Jederzeit möglich.
Besonderes: Absolut winterharter, robuster Fassadenbegrüner mit dekorativem Laub (schöne Herbstfärbung). Wegen des aggressiven, oft grenzüberschreitenden Wuchses sollte man sich mit den Nachbarn rechtzeitig verständigen.
Empfehlenswerte Sorten: *Parthenocissus quinquefolia* 'Engelmannii' (schmale Blättchen), 'Murorum' (Flammende Herbstfärbung), 'Hirsuta' (junge Triebe rot und behaart).

Winterjasmin

XII-III

Jasminus nudiflorum

Winterjasmin

Wuchstyp: Klettert nicht selbstständig, muss aufgebunden werden.
Höhe: Bis 4 m.
Blüte: Hellgelbe Blütensterne von 3 cm Durchmesser direkt an den Zweigen.
Blütezeit: Dezember bis März.
Schnitt: Rückschnitt nach der Blüte erhöht die Blühfreudigkeit im nächsten Jahr.
Besonderes: Außer in rauen Lagen völlig frostharter Winterblüher für sonnige, halbschattige und sogar schattige Standorte, der im Herbst das Laub verliert.

Einjährige Kletterpflanzen

Lathyrus odoratus

Duftwicken

Wuchstyp: Rankenkletterer.
Höhe: Bis 3 m.
Blüte: Weiß, rosa, rot, violett, braunrot, blau.
Blütezeit: Juli bis Oktober.
Besonderes: Aussaat alljährlich neu nach den letzten Nachtfrösten an Ort und Stelle in gutem Boden mit reichlicher Wasserversorgung. Das Ausbrechen der Samenansätze fördert eine reiche Weiterblüte.

VII-X

Duftwicke

Glockenrebe

VII-X

Cobaea scandens

Glockenrebe

Wuchstyp: Rankenkletterer.
Höhe: Bis 6 m.
Blüte: Grünliche, 6 bis 8 cm lange Glocken, die sich später blauviolett verfärben.
Blütezeit: Ab Juli bis zum ersten Frost.
Besonderes: Sehr starkwüchsige Kletterpflanze für Sonne und Halbschatten, die jedes Jahr neu in Vorkultur ausgesät werden kann. Braucht viel Wasser und Dünger.
Empfehlenswerte Sorten: *Cobaea scandens* 'Variegata', *C. s.* 'Albiflora' (weiße Blüten).

Pharbitis purpurea

Prachtwinde

Wuchstyp: Schlinger.
Höhe: Bis 3 m.
Blüte: Trichterförmige, blauviolette bis weiße Blütenkelche mit weißem Schlund.
Blütezeit: Juli bis September.
Besonderes: Die am wenigsten

empfindliche Windenart, was Trockenheit, Kälte und Wind angeht. Aussaat ab Mitte Mai an Ort und Stelle oder Vorkultur unter Glas (frühere Blüte!). Auch für Balkonkasten und Kübel geeignet.

VII-IX

Prachtwinde

Schwarzäugige Susanne

VII–IX

Thunbergia alata

Schwarzäugige Susanne

Wuchstyp: Schlinger.
Höhe: Bis 2 m.
Blüte: Leuchtend gelborangefarbene Blüten mit schwarzem Schlund.
Blütezeit: Juli bis September.
Besonderes: Bei Selbstanzucht ist eine Vorkultur unter Glas nötig, da Jungpflanzen eine sehr lange Entwicklung bis zur Blüte haben. Ab Mitte/Ende Mai gibt es vorgezogene Pflanzen zu kaufen. Wegen der geringen Größe gut für Kübel auf der Terrasse und zum Schmücken von Sichtschutzwänden geeignet.

Gesundes Obst und Gemüse aus dem eigenen Garten

Ist der Garten auch noch so klein, etwas Gemüse und vielleicht einige Beerensträucher sollte man auf jeden Fall pflanzen. Wer etwas mehr Platz hat, kann auch einige Obstbäume setzen. Inzwischen gibt es auf schwachwüchsigen Unterlagen veredelte Sorten, die nicht mehr so hoch werden. So genannte Ballerina-Bäumchen kann man sogar im Kübel auf der Terrasse kultivieren. Da auf kleinem Raum ein Anbau zur Selbstversorgung kaum machbar ist, sind neben den handelsüblichen Sorten fast vergessene alte und seltene Gemüse- und Obstsorten besonders interessant. Adressen und Bezugsquellen finden Sie im Anhang dieses Buches.

Obstbäume und Beerensträucher

Wer Obstbäume pflanzt, muss darauf achten, dass für Äpfel und Birnen auch „Befruchter" in der Nähe stehen, damit die Insekten eine Bestäubung mit dem Pollen eines anderen Baumes vornehmen können. Da die meisten Sorten selbstunfruchtbar, d.h. auf den Blütenstaub passender Sorten angewiesen sind, sollten immer mehrere Sorten von jeder Obstart gepflanzt werden, die auch gleichzeitig blühen. Wählt man solche aus, die auf schwach wachsender Unterlage veredelt wurden, bleiben die Bäume klein. Man kann sie als Spindel (Höhe des gesamten Baumes etwa 2 m mit sich nach oben verjüngender Krone), als Buschbaum (Niederstamm, bis 60 cm Stammhöhe mit zwei oder drei Leitästen) oder an einem Spalier ziehen. Als Halbstamm (120 bis 150 cm Stammhöhe) sollten Pflaumen, Aprikosen, Sauer- und Süßkirschen erzogen werden, damit man die Früchte leicht ernten kann. Kaufen Sie bei Obstbäumen möglichst schon drei- bis vierjährige Veredelungen, damit Sie nicht zu lange auf die ersten Früchte warten müssen und achten Sie in rauen Lagen auf spätblühende Sorten, damit der Frost die Blüten und damit die spätere Ernte nicht zerstört.

Äpfel

Die meisten Apfelsorten werden inzwischen auf schwachwüchsigen Unterlagen angeboten. Für eine reiche Ernte benötigen alle Sorten fremde Befruchtersorten, die in die Nachbarschaft gepflanzt werden sollten. Für raue Lagen sind spätblühende Sorten wegen geringerer Frostanfälligkeit besser geeignet. Für unsere Empfehlungen wurden die Beispiele nummeriert, um eine Zuordnung der Befruchter übersichtlicher zu gestalten.
Empfehlenswerte Sorten für den Reihenhausgarten:

IV

Apfel

• 'Alkmene': Blüht mittelfrüh. Befruchter z. B. 2, 4, 6.

• 'Cox Orange Renette': Eine der besten Sorten. Blüht mittelspät. Für reiche Ernten braucht der Baum mehrere Befruchtersorten, z. B. 1, 3, 4, 5, 6, 7.

• 'Golden Delicious': Guter Back- und Kochapfel. Blüht mittelspät. Befruchter z. B. 2, 4, 5, 6, 7.

• 'Goldparmäne': Blüht mittelfrüh. Befruchter z. B. 2, 3, 5, 6, 7.

• Ingrid Marie': Ähnlich wie Cox, nur nicht ganz so aromatisch. Blüht mittelspät. Befruchter z. B. 2, 3, 4, 6, 7.

• James Grieve': Blüht mittelspät. Befruchter z. B. 2, 3, 4, 5, 7.

• 'Jonathan': Blüht mittelfrüh. Befruchter z. B. 2, 3, 4, 5, 7.

Birnen

Bei Birnen wird unterschieden zwischen Lagerbirnen, die nach der Ernte noch hart sind und zum Teil wochenlang nachreifen müssen und solchen, die frisch vom Baum verzehrt werden können. Auch Birnen brauchen, wie Äpfel, für eine reiche Ernte Befruchtersorten. Spät blühende Sorten eignen sich für raue Lagen, da die Blüte dann weniger durch Frost gefährdet ist.

Empfehlenswerte Sorten für den Reihenhausgarten:

• 'Clapps Liebling': Busch bis Halbstamm. Blüht mittelspät. Befruchter z. B. 2, 3, 4.

• 'Frühe aus Trévoux': Auch für ungünstige Lagen. Busch bis Halbstamm. Blüht früh. Befruchter z. B. 1, 3, 4.

• 'Madame Verté': Winterbirne. Wuchs mittelstark. Blüht mittelspät. Befruchter z. B. 1, 2, 4.

• 'Williams Christ': Edle Ess- und Einmachbirne. Wuchs erst stark, später schwach. Blüht mittelfrüh bis mittelspät. Befruchter z. B. 1, 3.

Pflaume

Pflaumen und Zwetschen

Achten Sie beim Kauf auf selbstfruchtbare Sorten.

Empfehlenswerte, selbstfruchtbare Sorten für den Reihenhausgarten:

• 'Bühler Frühzwetsche' ('Blaue Königin'; Halbzwetsche): Essfrucht mit starkem Wuchs für geschützte Lagen. Blüht mittelspät.

• 'Ersinger Zwetsche' (Halbzwetsche): Wuchs mittelstark. Frühtragend, Blüte mittelfrüh.

• 'Hanita': Neuzüchtung mit mittlerem bis starkem Wachstum, für Frischverzehr, Kuchen und Konfitüre.

• 'Hauszwetsche' ('Bauernpflaume'; Echte Zwetsche): Für alle Zwecke geeignete Früchte. Starkwüchsig, ertragreich. Blüht spät.

• 'Ontario' (Pflaume): Große, gelbe Früchte zum Rohverzehr und Kochen. Blüht mittelspät.

Birne

Quitte

Aprikose

Quitten

Quitten sind selbstfruchtbar, daher können sie auch als Einzelbaum gepflanzt werden.

Empfehlenswerte Sorten für den Reihenhausgarten:
• 'Portugiesische Birnquitte': Als Niederstamm. Birnenförmige Früchte mit saftigem Fruchtfleisch.
• 'Quitte von Leskovac': Apfelförmige Riesenquitte, als Niederstamm.

Anmerkung: Die Früchte der japanischen Zierquitten *Chaenomeles* sind kleiner, können aber genauso wie die der Gartenquitten zu Gelee, Desserts und anderem verarbeitet werden.

Aprikosen

Empfehlenswerte selbstfruchtbare Sorten für Reihenhausgärten:
• 'Ungarische Beste': Freistehend als Busch oder Halbstamm oder als Fächerspalier an Südwänden zu pflanzen.
• 'Nancy': Ähnlich wie 'Ungarische Beste', aber großfruchtiger.

Sauerkirschen

Empfehlenswerte selbstfruchtbare Sorten für den Reihenhausgarten:
• 'Beutelsbacher Rexelle': Bewährt auch in schwierigen Umweltverhältnissen. Blüte frosthart, Früchte regenfest.
• 'Cerella': Mittelfrühe, robuste Sorte mit mittelstarkem Wuchs. Blüte relativ frosthart. Weiterzüchtung der Schattenmorelle mit hohem Ertrag.
• 'Morellenfeuer' ('Kelleris 16'): Dänische Weiterzüchtung

der Schattenmorelle. Mittelspät mit frostharten Blüten und mittelstarkem Wuchs.
• 'Schattenmorelle': Mittelspäter, mittelgroß wachsen-der Klassiker, nur für geschützte, milde Lagen geeignet. Feuerbrandresistent.

Sauerkirsche

Süßkirschen

Die meisten Süßkirschen sind selbstunfruchtbar. Gibt es in der Nähe keinen geeigneten Pollenspender, kann durch Aufpfropfen einer zweiten oder dritten Sorte in dieselbe Krone eine Befruchtung gewährleistet werden.

Empfehlenswerte Sorten für den Reihenhausgarten:
• 'Erika': Mittelfrühe, kleinwüchsige Sorte mit großen, schwarzroten Früchten. Befruchter z. B. 'Regina'.
• 'Regina': Späte, zwergwüchsige Sorte mit großen, dunkelroten Früchten. Befruchter z. B. 'Erika'.
• 'Karina': Mittelspäte, zwergwüchsige Sorte mit großen, schwarzroten Früchten. Befruchter z. B. 'Erika'.
• 'Sunburst': Mittelfrühe, selbstfruchtbare, kleinwüchsige Neuzüchtung mit großen, dunkelroten Früchten. Als Einzelbaum geeignet.

• ‚Lapins': Mittelspäte, selbstfruchtbare, kleinwüchsige Neuzüchtung mit großen, rotbraunen Früchten. Als Einzelbaum geeignet.

Brombeeren

Empfehlenswerte Sorten:
• Aufrechtwachsend: 'Wilsons Frühe'
• Kletternd: 'Theodor Reimers' (syn. 'Himalaya')
• Stachellos *(Rubus laciniatus)*: 'Thornless Evergreen' (syn. 'Blacki'), 'Loch Ness', 'Jumbo', 'Black Satin', 'Merton Thornless', 'Hull Thornless' u. a.
• Kreuzungen mit nordamerikanischen Rubus-Arten: Loganbeere *(Rubus* x *loganobaccus)*, Taybeere 'Medena Tayberry', Youngbeere 'Youngberry Acme Thornless Young', Boysenbeere 'Boysenberry Thornless'.

Himbeere

Himbeeren

Empfehlenswerte Sorten:
• Einmaltragende Himbeeren (alle Sorten tragen im Frühsommer und brauchen eine Stütze): 'Malling Promise', 'Preußen', 'Schönemann', 'Zewa 2' und 'Multiraspa'.
• Zweimaltragende Himbeeren (alle Sorten tragen sowohl im Frühsommer als auch im Herbst, werden etwa 1 m hoch und brauchen keine Stütze): 'Himbo Star', 'Rubaca', 'Autumn Bliss'.

Johannisbeeren

Obwohl die meisten Johannisbeersorten selbstfruchtbar sind, wirkt eine Fremdbestäubung ertragsteigernd.

Empfehlenswerte Sorten:
• Schwarze Johannisbeeren (selbstfruchtbare Sorten): 'Roodknop', 'Invigo', 'Strata', 'Ometa' u. a.
• Rot- und weißfrüchtige Johannisbeeren (selbstfruchtbare Sorten): 'Roter See' ('Red Lake'), 'Rote Vierländer', 'Stanza' (rot), 'Mulka'

Brombeere

Johannisbeere

(rot), 'Heinemanns rote Spätlese', 'Rovada' (rot), ‚Weiße aus Jüterbog', 'Weiße Versailler' u.a.

Stachelbeeren

Empfehlenswerte Sorten, die sowohl als Hochstamm wie auch als Busch erhältlich sind:
• 'Invicta' (grün, mittelfrüh), 'Remarka' (rot, früh), 'Rolanda' (dunkelrot, mittelfrüh), 'Rochusbeere' (grün, spät) u.a.

Stachelbeere

Ausgefallene Gemüsesorten für Genießer

Phaseolus vulgaris
Bohnen

Bohnen werden erst ab Mitte Mai bei ausreichend warmem Boden in Horsten zu 5 bis 6 Körnern ausgesät. Reihenabstand: 40 bis 50 cm. Bei Stangenbohnen ist es sinnvoll, die Stangen vor der Aussaat aufzurichten. Man erntet die jungen Schoten möglichst alle drei Tage, damit die Bohnenpflanzen zum weiteren Blühen animiert werden. Sollen Bohnenkerne zum Trocknen geerntet werden, lässt man die Schoten an der Pflanze ausreifen.

Empfehlenswerte Sorten:
• Stangenbohne 'Blauhilde': Starkwüchsig, ertragreich mit auberginefarbenen Schoten, die beim Kochen grün werden.
• Stangenbohne 'Goldelfe': Flachovale, goldgelbe, ertragreiche Bohne, ideal zum Konservieren.
• Stangenbohne 'Neckarkönigin': Ein Klassiker. Runde, dickfleischige Bohnen, die lange zart bleiben. Mittelspät und ertragreich.
• Buschbohne Purple Teepee: Rundhülsige, blauviolette Busch-bohne, die beim Kochen grün wird.
• Körnerbohne 'Crochu de Montmagny': Echte Rarität. Kleine, gut haltbare, granatrote Trockenbohne.

Bohne

VI-VIII

Cucurbita
Kürbis

Alle Kürbisgewächse brauchen als so genannte Starkzehrer viel Wärme, Wasser und reichlich Nährstoffe. Ab Ende April sät man Kürbisse in Töpfchen aus und zieht sie im Haus bei etwa 20 °C Raumtemperatur vor. Ab Mitte Mai können sie ins Freie (Sonne bis Halbschatten) gepflanzt werden. Großzügige Kompostgaben sichern eine reiche Ernte. Man kann Kürbisse auch direkt auf einen zur Rotte ruhenden Komposthaufen setzen. Sie beschatten ihn dann mit ihren großen Blättern. Schützen Sie Jungpflanzen und Blüten vor Schneckenfraß!

Empfehlenswerte Sorten:
• 'Türkenturban': Orange mit grüner Zeichnung. Sehr dekorativ,

Kürbis

VII-VIII

lange haltbar. Festes, eher trockenes, aromatisches Fleisch. Mittelgroße Früchte von 2 bis 4 kg und mehr. Der 'Kleine Türkenturban' wiegt weniger als 1 kg.
• 'Potimarron' oder 'Roter Hokkaido-Kürbis': Orangefarbene, bis 1,5 kg schwere Früchte, die nicht geschält werden müssen. Vielseitig verwendbar und wohlschmeckend.
• 'Grüner Hokkaido-Kürbis': Außen dunkelgrün, Fruchtfleisch orange. Vielseitig verwendbar. Kleine bis mittelgroße Früchte von 2 bis 4 kg.
• 'Peruanischer Kürbis': Dicker, dunkelgrüner, stark gerippter Kürbis mit pistazienfarbigem Fleisch. Lange haltbar. Früchte bis 20 kg.
• 'Moschuskürbis': Kleiner, hartschaliger Suppenkürbis mit intensivem Geschmack. Auch zum Grillen geeignet. Die lange haltbaren Früchte wiegen 0,5 bis 1 kg.
• 'Jack O'Lantern': Der klassische orangefarbene Halloween-Kürbis aus den USA zum Aushöhlen und Masken schnitzen. Auch als Speisekürbis verwendbar. Lange haltbar, Früchte 3 bis 4 kg.
• 'Weißer Squash' oder 'Ufo-Kürbis': Blassgrüne bis weiße, flache Früchte mit gewelltem Rand. Verwendung wie Zucchini. Die Früchte von 0,5 bis 2 kg sind lange haltbar.
• 'Gleisdorfer Ölkürbis': Gelbgrün genetzter, 3 bis 5 kg schwerer Kürbis, der wegen seiner schalenlosen Kerne angebaut wird. Diese haben, gewaschen und getrocknet, einen feinen Mandelgeschmack und gelten als besonders gesund bei Prostata- und Blasenleiden.

Beta vulgaris

Mangold

Blätter und Stiele des Mangolds werden getrennt zubereitet, die Blätter wie Spinat, die Rippen wie Spargel. Mangold wird im April bis Juni gesät, wobei die Körner 3 cm tief in kleinen Horsten (3 bis 5 Körner) im Abstand von 30 bis 40 cm gesät werden. Man kann Mangold auch im Frühbeet aussäen und später auspflanzen. Die bunten Sorten sind im Blumenbeet als Blattschmuckpflanzen ein hübscher Anblick.

Empfehlenswerte Sorten:
• Grüner Mangold mit weißen Stielen: 'Lukullus' (besonders schnellwüchsig), 'Glatter Silber' (Stielmangold) u.a.
• Rotstielige Mangoldsorten: 'Ruby Chard', 'Feurio', 'Rhubarb Chard', 'Vulkan': Rote Rippen, grüne Blätter.
• Regenbogenfarbener Mangold: 'Bright Lights': Grünes Laub und Stiele in Gelb, Rot, Weiß, Orange, Rosa bringen Farbe ins Gemüsebeet.

Mangold

Lactuca sativa und Cichorium endivia

Salat

Blattsalate werden ab März im Frühbeet in Saatschalen ausgesät. Wenn kein Nachtfrost mehr droht, werden die Jungpflanzen im Abstand von 20 bis 30 cm an sonniger Stelle ausgepflanzt. Wichtig sind regelmäßige Bewässerung und Schutz vor Schnecken. Immer populärer wird Pflücksalat, der ab April an Ort und Stelle in Reihen ausgesät werden kann. Geerntet werden nur einzelne Blätter, die Pflanze treibt dann immer wieder neu aus. Endiviensalat, der im Herbst und Winter geerntet werden soll, sät man nicht vor Mitte Juni entweder an Ort und Stelle oder in Töpfen aus.

Empfehlenswerte Sorten:
• Katalanischer, löwenzahnblättriger Endiviensalat: Lange, löwenzahnähnliche Blätter, sehr aromatisch.
• Winterendivie 'Escariol' grün: Wintersalat mit guter Frost-

resistenz. Ernte von November bis Januar.
• Romana-Salat 'Fetter Römer': Wohlschmeckend, zart, mit dicken glänzenden Blättern.
• Mini-Romana-Salat 'Baby Star': Gegen Mehltau resistente Sorte mit grünen Außenblättern und gelbem Herz. Kann das ganze Jahr über angebaut werden.
• Eissalat 'Fortunas': Schossfester Eissalat mit natürlicher Resistenz gegen Grüne Salatblattlaus und Falschen Mehltau. Neuzüchtung.
• Kopfsalat 'Merveille des quatre saisons': Rotbrauner Buttersalat, kann von Frühjahr bis Herbst angebaut werden.
• Polnischer Kopfsalat: Helle, spät schießende Köpfe mit zarten Blättern.

Solanum lycopersicum

Tomaten

Alle Tomaten brauchen viel Wärme, Sonne und reichlich Nährstoffe. Man sät sie einzeln in Vorkultur und pflanzt sie nach den letzten Nachtfrösten (Mitte Mai) ins Freiland. Die meisten Sorten brauchen eine Stütze, an die man sie anbindet. Die aus den Blattachseln wachsenden Seitentriebe werden ausgebrochen (Vorsicht, nicht die Blütenansätze mit ausbrechen!). Sobald die Pflanze vier Blütenstände hat, kappt man die oberen Triebe. Die verbleibenden Früchte reifen dann besser aus. Unreife Früchte vor dem ersten Frost ernten und im Dunkeln nachreifen lassen.

Empfehlenswerte Sorten:
• 'Andenhorn': Große, früh reifende Früchte in Form länglicher Paprikaschoten. Alte Bauernsorte aus den Anden.
• 'Gelbe Birnenförmige' ('Yellow

Salat

Tomate

VI-VIII

Pearshaped'): Birnenförmige, gelbe Obsttomate. Kleine Früchte mit dünner Schale.
• 'Kleines Ochsenherz': Rotes, sehr aromatisches, festes Fruchtfleisch, gut für Salate.
• 'Minibel': Zwergtomate für Topfkultur. 2 bis 3 cm kleine, süßliche Früchte.
• 'Rindfleischtomate': Kräftige Fleischtomate aus den USA mit festem, aromatischem Fruchtfleisch.
• 'Roter Kürbis': Fleischtomate mit riesigen, bis zu 1 kg schweren Früchten. Guter Geschmack, ideal zum Füllen.
• 'Tigerella': Zweifarbige, grünrot-gestreifte Früchte. Sehr robuste Sorte.

Stauden für Rabatte und Beete

Prachtstauden, die sich als Solitäre eignen

Lilium
Lilien

Blütezeit: Juni bis Juli.
Blütenfarbe: Alle Farben außer Blau, auch zweifarbige und getupfte bzw. gestreifte Blüten.
Höhe: Je nach Sorte 70 bis 120 cm.
Standort: Sonnig.
Besonderes: Ausdauernde Zwiebelpflanzen, von denen die meisten voll frosthart sind. Die geschuppten Zwiebeln sind sehr empfindlich gegen Austrocknung, daher sofort nach Erwerb pflanzen. Lilien können auch in Kübeln kultiviert werden. Die richtige Pflanzzeit für die Zwiebeln ist Herbst oder zeitiges Frühjahr.

Arten und Sorten: Für den Anfänger sind vor allem die Hybridzüchtungen gut geeignet. Besonders üppig blühend und in der Pflege wenig heikel sind z.B. die Asia-Hybriden, die es in bunten Mischungen und als Sorten im Handel gibt. Es sei an dieser Stelle auf die Kataloge der auf Lilien spezialisierten Staudenzüchter verwiesen. Botanische Arten, die sich für den Garten eignen: Feuerlilie (*Lilium bulbiferum*; orangene Blüten, bis 100 cm hoch), Madonnenlilie (*L. candidum*; weiße Blüten, bis 150 cm hoch), Tigerlilie (*L. lancifolium*, syn. *L. tigrinum*; orangerote Blüten, schwärzlich getupft, bis 150 cm hoch), Königslilie (*L. regale*; weiße Blüten, außen Rosa bis Goldgelb, bis 150 cm hoch), Türkenbundlilie (*L. martagon*; heimische Art, mag eher halbschattige bis schattige Standorte, rosapurpur bis weiße Blüten, bis 150 cm hoch).

VI-VII
Lilie

Türkenmohn 'Khedive'

V-VI

Papaver orientale
Orientalischer Mohn, Türkenmohn

Blütezeit: Mai bis Juni.
Blütenfarbe: Weiß, Rot, Orange, Rosa.
Höhe: Je nach Sorte bis 150 cm.
Standort: Sonnig.
Besonderes: Die Blätter sterben nach der Blüte ab und erscheinen im Frühherbst wieder als Überwinterungsrosette. Türkenmohn lässt sich im Allgemeinen schlecht verpflanzen.
Empfehlenswerte Sorten:
P. orientale 'Ali Baba' (Rot, bis 80 cm), 'Beauty of Livermere' (scharlachrot mit gewellten Rändern, bis 90 cm), 'Juliane' (zartrosa, bis 80 cm), 'Khedive' (siehe Abbildung; rosa, bis 80 cm), 'Perry's White' (weiß, bis 80 cm), 'Polka' (weiß mit orangem Rand, bis 80 cm), 'Türkenlouis' (rot, stark gefranste Blüten, bis 80 cm).

Paeonia
Pfingstrosen

Blüte: Weiß, Rosa, Rot, Gelb.
Blütezeit: Mai bis Juni/Juli.
Höhe: Je nach Sorte 70 bis 100 cm.
Standort: Sonnig.
Besonderes: Pfingstrosen werden im Herbst gepflanzt. Nach dem Verpflanzen kann es bis zur nächsten Blüte eine Pause von mehreren Jahren geben. Die Stauden stehen gern über Jahre am selben Ort. Viele Sorten haben einen intensiven Duft.
Arten und Sorten: *P. lactiflora*-Hybriden: 'Jan van Leeuwen' (weiß, ungefüllt, bis 80 cm), 'Coral Fay' (karminrot, ungefüllt, bis 80 cm), 'Fancy Nancy' (lilarosa, ungefüllt, bis 90 cm), 'Rubinschale' (rubinrot, ungefüllt, bis 80 cm), 'Gardenia' (weiß, gefüllt, bis 90 cm), 'Albert Crousse' (zartrosa, flach gefüllt, bis 95 cm), 'Noemi Demay' (zartrosa, gefüllt, bis 60 cm), 'Red Giant' (siehe Abbildung; karminrot, gefüllt, bis 110 cm); *P. officinalis* (Bauernpfingstrose): 'Rubra Plena' (rot, gefüllt, bis 80 cm), 'Alba Plena' (erst zartrosa, dann Weiß, gefüllt, bis 80 cm); *Paeonia*-Hybride 'Souvenir de Maxime Cornu' (bis 2 m hoch, üppige goldgelb-cognacfarbene Blüten).

Pfingstrose 'Red Giant'

Rittersporn 'Minnelied'

VI-VII/IX

Delphinium-Hybriden
Rittersporn

Blütezeit: Juni/Juli und September (nach Rückschnitt).
Blütenfarbe: Blau, weiß, rosa.
Höhe: Je nach Sorte 90 bis 200 cm.
Standort: Vollsonnig in durchlässigen nährstoffreichen Böden.
Besonderes: Junge Triebe sind durch Schneckenfraß gefährdet. Hohe Sorten brauchen eine Stütze, um Windbruch zu vermeiden. Nach der Hauptblüte im Frühsommer zurückschneiden, um eine zweite Blüte anzuregen.
Arten und Sorten:
D.- Belladonna-Hybriden: 'Atlantis' (dunkelblau, bis 100 cm), 'Casa Blanca' und 'Moerheimii' (reinweiß, bis 120 cm), 'Pink Sensation' (rosa, bis 120 cm), 'Völkerfrieden' (enzianblau, bis 100 cm).
D.-Elatum-Hybriden: 'Abgesang' (blau mit weißem Auge, bis 160 cm), 'Augenweide' (mehltauresistente Sorte, hellblau mit rosa Akzenten, bis 170 cm), 'Fanfare' (halbgefüllt, malvenfarben mit weißem Auge, bis 180 cm), 'Minnelied' (siehe Abbildung; hellblau mit weißem Auge, bis 170 cm), 'Tempelgong' (dunkelviolettblau, teilweise gefüllt, bis 170 cm).

Iris barbata-Elatior-Hybriden
Hohe Schwertlilien

Blütezeit: Mai/Juni.
Blütenfarbe: Nahezu alle Farben, auch zwei- und mehrfarbige, getupfte oder geflammte Blüten..
Höhe: Je nach Sorte 60 bis 150 cm.
Standort: Sonnig, in gut durchlässigem Boden.
Besonderes: Die Rhizome der großen Bartiris wachsen knapp unter der Erdoberfläche und schauen zum Teil sogar aus dem Boden heraus. Vergraben Sie sie nicht zu tief, damit sie nicht faulen. Jedes Jahr bilden die Rhizomiris neue Seitentriebe und können sich auf diese Weise unendlich ausdehnen. Alte Stauden müssen geteilt werden, damit sie nicht von der Mitte her verkahlen. Dafür Rhizome im Herbst oder zeitigen Frühjahr aufnehmen, mit einem scharfen Messer teilen, die Blätter einkürzen und wieder einpflanzen. Um Pilzinfektionen zu vermeiden, die Schnittstellen mit Holzasche oder Gesteinsmehl einreiben.
Empfehlenswerte Sorten: Züchter haben eine kaum mehr zu überblickende Fülle an hohen Bartiris-Sorten hervorgebracht. Es sei an dieser Stelle auf die Kataloge der auf Iris spezialisierten Züchter verwiesen (Adressen im Anhang dieses Buches).

V-VI
Schwertlilie

Alcea rosea, syn. Althaea r.,
Malva alcea

Stockrose

Blütezeit: Juni bis September.
Blütenfarbe: Rosa, Rot, Weiß, auch
zweifarbige und gefüllte Blüten
Höhe: Kulturformen bis 200 cm.
Standort: Vollsonnig.
Besonderes: Malven sind kurzle-
bige, meistens zweijährige Stauden und besonders anfällig für
Rostpilze. Befallenes Laub über
den Restmüll entsorgen. Hohe
Sorten brauchen eine Stütze.
Arten und Sorten: *Alcea rosea*
(Stockrose, Rosenpappel, Stock-
malve) 'Pleniflora' (gefüllte Blüten
in Gelb, Rosa, Rot, Violett und
Weiß, bis 200 cm hoch), 'Nigra'
(schokoladebraune Blüten mit
gelbem Schlund, bis 200 cm
hoch).

VI-IX

Stockrose

Sonnenröschen

VI-VII

Bodendecker für sonnige Standorte

Helianthemum

Sonnenröschen

Blütezeit: Juni bis Juli.
Blütenfarbe: Weiß, Gelb, Orange,
Rot, Rosa.
Höhe: 15 bis 20 cm, selten höher.
Standort: Vollsonnig in gut
durchlässiger Erde.
Besonderes: Sonnenröschen sind
Halbsträucher mit verholzenden
Stängeln. Ältere, sparrig wach-
sende Pflanzen schneidet man
nach der Blüte zurück, um einen
buschigeren Wuchs zu fördern.
Arten und Sorten: Von *Helian-
themum* sind bis auf wenige
Wildformen fast nur Hybrid-
züchtungen im Handel.

Johanniskraut

VII-VIII

Hypericum calycinum

Johanniskraut

Blütezeit: Juli bis August.
Blütenfarbe: Gelb.
Höhe: Bis 30 cm.
Standort: Sonnig bis schattig.
Besonderes: Anspruchsloser,
pflegeleichter Bodendecker für
große Flächen. Ausläufertrei-
bend. Die immergrünen Blätter
frieren in strengen Wintern
zurück, treiben aber im Frühjahr neu aus.

Phlox subulta

Polsterphlox, Teppichphlox

Blütezeit: April bis Mai.
Blütenfarbe: Violett, pink, weiß.
Höhe: 10 bis 15 cm.
Standort: Sonnig.
Besonderes: Die pflegeleichten
Polsterphlox-Sorten bilden mit
den Jahren blütenübersäte
Matten.

IV-V

Polsterphlox

Golderdbeere

Ysander

III-V

Bodendecker für Halbschatten und Schatten

Waldsteinia ternata
Golderdbeere

Blütezeit: März bis Mai.
Blütenfarbe: Gelb.
Höhe: Bis 10 cm.
Standort: Halbschattig bis schattig.
Besonderes: Wintergrüner Bodendecker mit unscheinbaren Blüten, bildet durch unterirdische Ausläufer sogar unter Gehölzen dichte Teppiche.

Vinca
Immergrün

Blütezeit: April bis Juni.
Blütenfarbe: Blauviolett, auch Weiß.
Höhe: *V. minor*: 15 cm, *V. major*: 40 cm.
Standort: Halbschattig bis schattig.

Besonderes: Ausläufer treibender immergrüner Bodendecker.
Arten und Sorten: Standardsorten und Züchtungen: *Vinca minor* 'Atropurpurea' (rotviolette Blätter mit blauen Blüten), *V. minor* 'Gertrude Jekyll' (zierlicher Wuchs, weiße Blüten), *V. major* 'Variegata' (weiß gerandete Blätte).

IV-VI

Immergrün

Pachysandra terminalis
Ysander

Blütezeit: April/Mai.
Blütenfarbe: Cremeweiß.
Höhe: Bis 25 cm.
Standort: Halbschattig bis schattig in nicht zu trockenen, humosen Böden.
Besonderes: Immergrüner, Ausläufer treibender Bodendecker mit dekorativem, ledrigem Laub.

Bäume und Sträucher für den kleinen Garten

Kleinbleibende Koniferen

Taxus
Eibe

Langsam wachsend und dunkelgrün belaubt gehören die Eiben zu den wenigen Nadelgehölzen, die auch im tiefen Schatten noch gedeihen. Sie eignen sich, je nach Sorte, sowohl als Hecken- wie auch als Solitärpflanzen. Sie sind gut schnittverträglich, sodass man sie in kleinen Gärten gut in Form halten kann. Alle Pflanzenteile außer dem roten, fleischigen Samenmantel sind beim Verzehr stark giftig. Die gewöhnliche heimische Eibe (*Taxus baccata*) wird im Alter zu einem bis zu 20 m hohen Baum. Für Reihenhausgärten eignen sich daher besser die Zwergformen:

Breitwüchsige und buschige Formen:
Taxus baccata 'Adpressa' (langsamwüchsig, bis 2 m, kleinnadelig); *Taxus* x *media* 'Brownii' (breit ausladend, bis 2,5 m hoch, bis 3,5 m breit); *Taxus baccata* 'Prostrata' (kriechende Zwergeibe, bis 0,4 m hoch, bis 1,5 m breit).

Säulenförmige Eiben:
Taxus x *media* 'Hilii' (geschlossene Säulenform mit langen, breiten Nadeln, 2 bis 3 m hoch); *Taxus* x *media* 'Hicksii' (für Hecken geeignet, unbeschnitten wird sie 6 bis 8 m hoch); *Taxus baccata* 'Fastigiata Aureomarginata' (gelb gerandete Blätter, 3 bis 5 m hoch).

Eibe

Fichte

Picea
Fichte

Fichten sind anspruchsloser und robuster als Tannen. Sie wachsen recht schnell und brauchen normalerweise viel Platz. Ausgewachsene Bäume der verschiedenen Fichtenarten erreichen Höhen von 30 m und darüber. Für kleine Gärten sind daher nur die Zwergformen zu empfehlen. Sie sollten möglichst nicht beschnitten werden, um die natürliche Wuchsform nicht zu beeinträchtigen.

Arten und Sorten:
Picea abies 'Acrocona' (breitwüchsig mit zahlreichen Zapfen, bis 3 m hoch, bis 4 m breit); *Picea abies* 'Ohlendorfii' (langsamwachsend, erst rundlich, im Alter konisch, bis 3 m hoch); Serbische Zwergfichte *Picea omorika* 'Gnom' (breit konisch wachsend, 1,5 bis 2 m hoch); Zuckerhutfichte *Picea glauca* 'Conica' (kegelförmig, 2 bis 6 m hoch) Nestfichte *Picea abies* 'Nidiformis' (langsamwachsend mit buschiger Krone, bis 1,5 m hoch); Zwerg-Schwarzfichte *Picea mariana* 'Nana' (blaugraue Nadeln, rundlicher Wuchs, bis 0,5 m).

Pinus

Kiefer

Alle Kiefern brauchen viel Licht, sollten daher nicht beengt oder beschattet stehen. Viele Arten haben eine schöne Borke, relativ lange Nadeln und große Zapfen, was sie besonders dekorativ macht. Wichtig: Ein nicht zu schwerer, wasserdurchlässiger, tiefgründiger Boden. Pflanzen Sie in den Reihenhausgarten nur schwachwüchsige und kleinbleibende Arten und Sorten, da beschnittene Kiefern an Attraktivität einbüßen.

Arten und Sorten:
Bergkiefer *Pinus mugo* (Äste sind aufsteigend oder ausgebreitet, bis 3,5 m hoch, bis 5 m breit);
Zwerg-Bergkiefer *Pinus mugo* 'Mops' (kugelförmig, bis 1,5 m);
Blaue Mädchenkiefer *Pinus parviflora* 'Glauca' (blau bereifte Nadeln, bis 10 m hoch);
Kriechkiefer *Pinus pumila* 'Compacta' (rundlich, graugrüne Nadeln, bis 3 m hoch und breit);
Zwerg-Weymouthskiefer *Pinus strobus* 'Nana' (lange, blaugrüne Nadeln, 1 m hoch und breit);
Waldkiefer, Föhre *Pinus sylvestris* 'Argentea compacta' (silbrigblaue Nadeln, bis 2 m);
Säulen-Waldkiefer *Pinus sylvestris* 'Fastigiata' (schmal aufrecht, bis 8 m hoch, bis 3 m breit).

Kiefer

Lebensbaum

Thuja

Lebensbaum

Lebensbäume sind konisch bis säulenförmig wachsende Nadelbäume mit immergrünen, schuppenartigen Nadeln, die bei Berührung stark aromatisch duften. Ein Hautkontakt mit den Blättern kann Allergien befördern. Die stärker wachsenden, größeren Arten und Sorten eignen sich sowohl für Heckenpflanzungen (gut schnittverträglich!) wie auch als Solitärgehölze. Die Art *Thuja occidentalis* erreicht unbeschnitten eine Höhe von 20 m und mehr. Zwergformen können als Solitäre in den Steingarten gepflanzt werden.

Arten und Sorten:
Thuja occidentalis 'Caespitosa' (langsamwachsend, polsterförmig, bis 30 cm hoch und breit);
T. oc. 'Golden Globe' (kugeliger Zwergstrauch, goldgelbe Nadeln, bis 1 m hoch und breit);
T. oc. 'Recurva Nana' (dunkelgrüne, robuste Kugeln, bis 1 m hoch und breit)
T. oc. 'Wansdyke Silver' (zwergig, konisch, silbrigweiße Nadeln, bis 1,5 m hoch, 0,6 m breit);
T. oc. 'Brabant' (blaugrün, gute Heckenpflanze mit blaugrünen Nadeln, bis 2,5 m hoch);
Thuja orientalis 'Aurea Nana' (zwergig, gelbgrüne, im Winter bronzefarbene Nadeln, bis 1 m);
T. or. 'Semperaurea' (eiförmig, goldgelb im Austrieb, bis 3 m hoch);
Thuja plicata 'Atrovirens' (gute Heckenpflanze mit dunkelgrünen Nadeln);
T. p. 'Stoneham Gold' (konisch, goldgelb im Austrieb, später dunkelgrün, bis 2 m hoch).

Chamaecyparis

Scheinzypressen

Ähnlich wie Lebensbäume sind Scheinzypressen immergrüne Nadelbäume mit schuppenartigen Blättern. Ein Kontakt mit den Blättern kann Allergien befördern. Die schlank aufrechten, säulenartigen Formen erinnern an die echten, im Mittelmeerraum beheimateten und bei uns nicht ganz frostharten Zypressen und können diese für mediterrane Gartenmotive bei uns ersetzen. Scheinzypressen eignen sich als Solitäre, aber auch als Heckenpflanzen (gut schnittverträglich, aber altes Holz sollte nicht beschädigt werden). Sie mögen feuchte, gut dränierte, neutrale Böden und volle Sonne. Achten Sie beim Kauf auf kleinbleibende und schwachwüchsige Arten, denn ausgewachsene Scheinzypressen können bis zu 40 m hoch werden!

Arten und Sorten:
Säulenscheinzypresse *Chamaecyparis lawsoniana* 'Columnaris' (blaugraue Blätter, erinnert am meisten an echte Mittelmeerzypressen, bis 10 m hoch, bis 1 m breit);
Säulenscheinzypresse *C. l.* 'Elwoodii' (schlank aufrecht, bis 3 m);
Haarzypresse *C. pisifera* 'Filifera' (kegelförmig, fadenförmig überhängende Zweige, bis 5 m hoch, die Sorte 'Filifera Nana' wird nur 1,5 m hoch);
Japanische Scheinzypresse, Muschelzypresse *C. obtusa* 'Nana gracilis' (dicht, pyramidenförmig mit sattgrünen Blättern, bis 3 m).

Scheinzypresse

Juniperus
Wacholder

Wacholder sind schöne Solitärgehölze für vollsonnige bis halbschattige Standorte. Sie mögen durchlässige bis sandige, auch gern kreidige Böden. Da die meisten Arten und Sorten sehr langsam wachsen und die säulenförmigen Sorten sehr schmal und nur mittelhoch werden, eignen sie sich gut für Reihenhausgärten. Ein Schnitt ist selten nötig. Kriechende Formen gedeihen auf sandigen, felsigen und trockenen Böden am besten. Aus eher unscheinbaren Pflanzen entwickeln sich Teppiche, die mehrere Quadratmeter Fläche bedecken. Sie können sowohl zur Hangbegrünung als auch im Steingarten eingesetzt werden. Alle Wacholderarten reizen bei Berührung die Haut und können Allergien verstärken. Wacholder sollten nie in der Nähe von Birnen gepflanzt werden, da sie Hauptwirt des Birnengitterrosts sind, einer Pilzerkrankung, die im Sommer auf Birnen übergeht.

Säulenförmige Arten:
China-Wacholder *Juniperus chinensis* 'Blaauw' (buschig, blaugraue Nadeln, bis 1,2 m);
J. ch. 'Robusta Green' (konischer Wuchs, bis 2 m);
Juniperus communis 'Compressa' (langsamwachsend, blaugrüne Nadeln, bis 0,8 m hoch);
Goldsäulenwacholder *J. co.* 'Gold Cone' (goldgelber Austrieb, säulenförmiger Wuchs, bis 1,5 m hoch);
Zypressen-Wacholder *Juniperus scopulorum* 'Sky Rocket' (schmal, blaubereift, raschwachsend, bis 6 m).

Kriechende Arten:
Juniperus horizontalis 'Glauca' (blaugraue Nadeln, sehr flach

Wacholder

und langsamwachsend);
J. h. 'Wiltonii' (hellblau bereifte Nadeln, guter Bodendecker, bis 0,3 m hoch, unbegrenzter Breitenwuchs);
Japanischer Kriechwacholder *Juniperus procumbens* (ausladender, sich neigender Strauch, bis 0,7 m hoch, bis 2 m breit);
Blauzeder-Wacholder *Juniperus squamata* 'Blue Star' (kompakter Busch, silberblaue Nadeln, bis 0,4 m hoch, bis 3 m breit).

Attraktive Laubbäume und Sträucher

Acer

Ahorn

Kleine und schwachwüchsige Ahornarten eignen sich hervorragend für Reihenhausgärten, da sie mit ihrem schönen Laub und einer attraktiven Wuchsform Akzente setzen und nie düster wirken. Besonders die rotlaubigen Arten und solche mit fein geschlitzten Blättern lassen sich gut in kleine Anlagen integrieren. Unter den Japanischen Ahornen (*Acer palmatum*) gibt es eine breite Palette interessanter Züchtungen, die meistens recht schwachwüchsig sind. Die Herbstfärbung aller Ahornblätter ist einfach sensationell. Ahorne mögen sonnige bis halbschattige Standorte in nährstoffreichen, feuchten, aber durchlässigen Böden.

Eine Auswahl:

Japanischer Ahorn *(Acer palmatum):* 'Burgundy Lace' (tief eingeschnittene, rotpurpurne Blätter, bis 4 m hoch und breit); 'Butterfly' (blaugrüne, weiß und rosa geränderte Blätter, bis 3 m hoch, bis 1,5 m breit); 'Dissectum Atropurpureum' (tief geschlitzte, rotpurpurne Blätter, bis 2 m hoch, bis 3 m breit); 'Linearilobum' (tief geschlitzte, grüne Blätter mit schlanken Spitzen, bis 5 m hoch, bis 4 m breit); 'Red Pygmy' (schlank aufrecht, längliche, im Frühjahr dunkelrote, im Herbst gelbe Blätter, bis 1,5 m hoch und breit); Weinahorn (*Acer circinatum*): vielstämmiger Strauch, ähnlich dem Japanischen Fächerahorn, aber weniger empfindlich; Feuerahorn (*Acer ginnala*): breit strauchig bis schirmförmig, im Frühjahr orangerote, im Herbst dunkelrote Blätter; 1,5 m hoch, 2 m breit, Weißbunter Eschenahorn (*Acer negundo*): 'Variegatum' mit breiten, weißen Blatträndern, bleibt lange strauchig, im Alter 4 bis 6 m hoch, Tatarenahorn (*Acer tataricum*): im Frühjahr hellrote, im Herbst dunkelrote Blätter, strafferer Wuchs, im Alter 4 bis 6 m hoch.

Ahorn

Deutzie

Deutzia

Deutzie

Deutzien verlangen einen sonnigen, aber nicht zu trockenen Standort und die Möglichkeit zur freien Entfaltung, damit sie üppig blühen. Im Frühjahr öffnen sich weiße bis rosafarbene Blütenrispen, die dem Strauch von weitem etwas Duftiges geben. Man kann sie gut mit Japanischen Zierkirschen, Zierquitten und Weigelien kombinieren. Deutzien blühen am vorjährigen Holz. Nach der Blüte wird Abgeblühtes bis auf die jungen Triebe zurückgeschnitten.

Niedrige, bis 1,5 m hoch werdende Arten und Sorten:
Deutzia gracilis, D. x *lemoinei, D.* x *rosea, D. kalmiaeflora, D. monbeigii*

Halbhohe, bis 2 m hoch werdende Arten und Sorten:
Deutzia x *hybrida* 'Contraste', *D.* x *hybrida* 'Mont Rose', *D. ningpoensis, D. setchuenensis* var. *corymbiflora*

Starkwüchsige, bis 3 m und höher werdende Sorten:
Deutzia longifolia, D. x *magnifica* 'Staphyleoides', *D.* x *magnifica* 'Superba', *D. scabra* 'Plena' und *D. scabra* 'Candissima'.

Kupfer-Felsenbirne

Flieder

Potentilla fruticosa
Fingerstrauch

Die niedrig bleibenden Fingersträucher werden gern wegen ihrer Blühfreudigkeit gesetzt. Mit kurzen Unterbrechungen treiben sie vom Frühjahr bis zum Herbst etwa 4 cm große weiße, gelbe, rot oder orangefarbene Blüten. Das feingefingerte, meistens silbriggrün-graue Laub wird im Herbst abgeworfen. Zahlreiche Zuchtsorten bieten eine vielfältige Auswahl. Alle Fingersträucher sind anspruchslos, wachsen gern auf armen, mäßig fruchtbaren Böden ohne Staunässe in voller Sonne. Ein regelmäßiger Schnitt ist nicht nötig, zur Wuchskorrektur kann er aber im Frühjahr erfolgen. Die höchsten Sorten werden maximal 1,5 m hoch und breit.

Zwergige, bis 1 m hohe Sorten:
Potentilla fruticosa 'Arbuscula' (große, hellgelbe Blüten), 'Goldteppich' (goldgelbe Blüten), 'Kobold' (leuchtend gelb, gedrungen wachsend), 'Manchu' (syn. *P. davurica* var. *mandschurica*; weiße Blüten, max. 0,3 m hoch), 'Red Ace' (rote, rückseitig gelb verblassende Blüten).

Stärker wachsende, bis 1,5 m hohe Sorten:
P. f. 'Farreri' (gelb, kleinlaubig), 'Goldfinger' (große, buttergelbe Blüten, sehr lange blühend), 'Jackmann' (goldgelb, starkwüchsig), 'Sandvedana' (weiß blühend, starkwüchsig), 'Tangerine' (gelbe, orangerot überlaufene Blüten).

Fingerstrauch

Amelanchier lamarckii
Kupfer-Felsenbirne

Anspruchslos und pflegeleicht mit malerischem Wuchs und duftiger Blüte im Frühjahr gehört die Kupfer-Felsenbirne zu den wertvollsten Großsträuchern. Sie kann sowohl als Solitärgehölz wie auch als Bestandteil von Blütenhecken gepflanzt werden. Die im Sommer reifenden Früchte, kleine, kugelige Beeren, wurden früher als Korinthenersatz getrocknet. Man kann aber auch Gelee daraus bereiten. Die Gehölze stehen gern sonnig bis halbschattig in leicht saurer, feuchter, aber durchlässiger Erde. Ein Schnitt ist nur zur Wuchskorrektur nötig und sollte im Spätwinter erfolgen. Unbeschnitten wird die Kupfer-Felsenbirne bis 10 m hoch und bis 12 m breit.

Syringa
Flieder

Beliebtes, bis 3 m hohes Blütengehölz, das eigentlich in keinem Garten fehlen darf. Die duftenden, blaupurpur-lilafarbenen oder weißen Blütenkerzen erscheinen im Mai. Die Sorten des Gartenflieders *Syringa vulgaris* wachsen auf durchlässigen, leicht kalkigen Böden in voller Sonne am besten. Schnitt der raschwüchsigen Sträucher nach der Blüte und zur Wuchskorrektur. Die verwelkten Blütenstände müssen ausgeschnitten werden. Ältere Pflanzen können zur Verjüngung auch radikal zurückgeschnitten werden, sie treiben aus dem alten Holz wieder aus. Wildtriebe aus den Wurzeln müssen regelmäßig ausgegraben und abgerissen werden, da sie nicht sortenecht blühen und die Pflanzen unnötig Kraft kosten. Beliebte und bewährte Sorten sind: 'Andenken an L. Späth' (tiefpurpurn, ungefüllt), 'Königin Luise' (weiß, ungefüllt), 'Charles Joly' (purpurn, gefüllt), 'Mme. Lemoine' (weiß, gefüllt), 'Primrose' (gelblich-weiß, ungefüllt). Interessant ist auch die Sorte 'Sensation', die blauviolette, weiß geränderte Blüten hat.

Cornus

Hartriegel

Von den zahlreichen Hartriegelarten sind für Reihenhausgärten besonders die Arten *Cornus florida* (Blumenhartriegel) *C. kousa* (Japanischer Blumenhartriegel) und *C. mas* (die heimische Kornelkirsche) geeignet, da sie nicht so groß werden (*C. florida* bis 3 m, *C. kousa* var. *chin.* bis 2,5 m, *C. mas* bis 5 m). Etwas höher wird *C. nuttallii* (Nuttalls Blumenhartriegel). Alle Hartriegelarten bevorzugen feuchte, neutrale bis leicht saure Böden in sonniger bis halbschattiger Lage, ein Schnitt ist nur zur Wuchskorrektur nötig. Besonders schöne Blüten hat im Frühjahr die Art *Cornus florida*, von der man mit etwas Glück verschiedene Sorten in der Baumschule bekommt.

Hartriegel

Hydrangea

Hortensie

Beim Kauf von Hortensien muss man auf die Winterhärte der Art achten. Nur in milden Lagen kann die im Sommer rosa oder blau blühende Bauernhortensie *Hydrangea macrophylla* im Freiland überwintern. Die im Spätsommer cremeweiß blühende Rispenhortensie *H. paniculata* ist frostfester. Hortensien brauchen einen neutralen bis sauren, ständig feuchten, aber nicht staunassen Boden in sonniger bis halbschattiger Lage. Selbst im Schatten versagen sie in der Regel nicht. Rispenhortensien gibt es in zahlreichen Zuchtsorten, die zwischen 3 und 7 m hoch werden. Sie blühen am einjährigen Holz, können daher im Frühjahr um maximal zwei Drittel zurückgeschnitten werden. Bauernhortensien brauchen, um blaue Blüten zu treiben, sauren Boden und Aluminiumsulfat im Gießwasser. Sie werden maximal 2 m hoch und blühen am vorjährigen Holz, daher im zeitigen Frühjahr nur die erfrorenen, abgestorbenen Spitzen entfernen.

Hortensie
VI-VIII

Magnolia

Magnolie

Magnolien sind anspruchsvolle Gehölze, die einen vollsonnigen, freien Standort und frische, nährstoffreiche Böden bevorzugen. In rauen Lagen können Spätfröste die im Frühling vor den Blättern erscheinenden Blüten schädigen. Ein Schnitt ist, wenn unbedingt nötig, am besten im August durchzuführen.

Für Reihenhausgärten eignen sich wegen des zierlicheren Wuchses besonders folgende Arten:

Magnolia liliiflora (Lilienblütige Magnolie): Im Spätfrühling große, purpurrosafarbene Blüten, 3 m hoch, 4 m breit; *M. salicifolia* (Weidenblättrige Magnolie): reinweiße Blüten im April, bis 4 m hoch; *M.* x *soulangeana* (Prunkmagnolie): dunkelweißrosafarbene bis violettpurpurne, große Blüten im Mai, bis 6 m hoch und breit; die am häufigsten gepflanzte Magnolie für wintermilde Lagen; *M. stellata* (Sternmagnolie; siehe Abbildung): reichblühend im März/April, im Alter bis 3 m hoch, bis 4 m breit).

Magnolie

Philadelphus
Pfeifenstrauch, Falscher Jasmin

Die im Mai/Juni mit weißen, meistens herrlich duftenden Blüten übersäten Sträucher sind in zahlreichen Arten und Sorten in Baumschulen erhältlich. Sie bevorzugen einen sonnigen bis halbschattigen Standort in feuchtem, aber gut dränierten Boden. Alljährlich im Sommer werden abgeblühte Sprosse bis auf junge Triebknospen zurückgeschnitten, um einen kräftigen, dichten Neuaustrieb und reiche Blütenpracht im folgenden Jahr zu fördern. **Achten Sie beim Kauf auf duftende Sorten:**
Philadelphus coronarius: Große weiße, stark duftende Blüten an leicht überhängenden Zweigen, 3 m hoch und 2,5 m breit; *P.*-Hybride 'Mont Blanc': duftende, reinweiße Blüten in Trauben, bis 1 m hoch und breit; *P.*-Hybride 'Silberregen': reinweiße, nach Erdbeeren duftende Blüten, bis 1,2 m hoch, bis 1,5 m breit; *P.*-Hybride 'Virginal': wüchsiger Strauch mit reinweißen, duftenden Blüten, bis 3 m hoch, bis 2,5 m breit.

Pfeifenstrauch

Ranunkelstrauch

Kerria japonica
Ranunkelstrauch

Grüne, leicht überhängende, drahtige Triebe, die sich oft erneuern, kennzeichnen den Wuchs dieses anspruchslosen Strauchs, der sonnige bis halbschattige Lagen bevorzugt und einen ausreichend feuchten Boden braucht, um gut zu gedeihen. Im Frühjahr zieren leuchtend goldgelbe Blüten die noch unbelaubten Triebe. Jährlich nach der Blüte werden abgeblühte Zweige bis auf die jungen Seitentriebe zurückgeschnitten. Da der Strauch zu Wurzelausläufern neigt, sollte man darauf achten, dass er sich nicht unkontrolliert ausbreitet. Interessant sind neben der Stammform, die etwa 2 m hoch und breit wird auch die Sorten *K. j.* 'Pleniflora' (siehe Abbildung; starkwüchsig, bis 3 m hoch und breit, mit gefüllten Blüten) und *K. j.* 'Picta' syn. 'Variegata' (bis 1,5 m hoch und breit, mit graugrün-weiß gezeichneten Blättern).

Rhododendron
Rhododendron/Azalee

Die zu den Erikagewächsen zählenden Rhododendren und Azaleen sind kalkfliehende Gehölze, die nicht überall gedeihen. Sie brauchen einen feuchten, lockeren, sauren und humosen Boden, vertragen aber keine Staunässe und keinen Wurzeldruck (direkte Nachbarschaft) großer Gehölze. Trockene Wärme mögen sie nicht. Ein halbschattiger, aber dennoch heller Standort ohne direkte Sonneneinstrahlung ist ideal. Neu sind die kalktoleranten so genannten Inkarho-Rhododendren, die auch auf normalen Böden ohne Torferde wachsen. Die meisten Sorten sind sehr frosthart. Bei der Auswahl der Pflanzen sollte man als Besitzer eines Reihenhauses berücksichtigen, dass es Arten und Sorten gibt, die recht schnell stattliche Ausmaße erreichen. **Wählen Sie deshalb schwachwüchsige und kleinbleibende Sorten:**
Rhododendron-Williamsianum-Hybriden, *Rhododenderon japonicum*-Hybriden (siehe Abbildung)

Rhododendron

oder die laubabwerfenden Genter (Pontischen) Azaleen, die bis zu 3 m hoch werden. Unter den immergrünen Wildrhododendren sind z. B. *R. ambiguum* (hellgelbe Blüten, bis 1,5 m hoch), *R. discolor* (rosa Blüten, bis 2 m hoch), *R. makinoi* (schmalblättrig, rosa Blüten, bis 2 m hoch) oder *R. rubiginosum* (rubinrote Blüten, bis 2 m hoch) für kleinere Gärten geeignet.

Buddleia davidii
Schmetterlingsstrauch

Als echter Schmetterlingsmagnet erweist sich der Sommerflieder oder Schmetterlingsstrauch *Buddleia davidii*. Er bevorzugt einen freien Standort in voller Sonne und gut dräniertem Boden. Üppige, duftende, weiße, rosa- oder purpurfarbene Blütenrispen im Hochsommer machen ihn zu einem wertvollen Solitärgehölz. Alle Zuchtsorten erreichen eine Höhe von etwa 3 m und können im Frühjahr kräftig zurückgeschnitten werden. Im Winter friert der Schmetterlingsstrauch meist zurück, treibt aber im Frühjahr wieder üppig aus.

Schmetterlingsstrauch

Schneeball

Viburnum
Schneeball

Die zahlreichen Schneeballarten mit unterschiedlichem Wuchs und vielgestaltigen Blüten sind für fast alle Reihenhausgärten gut geeignet. Alle bevorzugen frische, feuchte Böden in sonniger bis halbschattiger Lage. Sie vertragen problemlos einen Rückschnitt nach der Blüte. Besonders schön sind im Winter oder zeitigen Frühjahr blühende Arten und solche, die dichte, weiße Pompons hervorbringen. Manche Arten schmücken sich im Herbst mit schönen roten Beeren, einige sind auch immergrün.

Arten und Sorten:
Viburnum x *burkwoodii* (Duftender Zwergschneeball; immergrün, rosaweiße, duftende Blüten im Frühjahr, bis 2,5 m hoch und breit), *V. farreri* (Vorfrühlingsschneeball; weiße bis rosafarbene, duftende Blüten ab Herbst bis zum zeitigen Frühjahr, bis 3 m hoch, bis 2,5 m breit), *V. opulus* (Gemeiner Schneeball; weiße Blütenbälle im Frühsommer, hellrote Früchte im Herbst, bis 5 m hoch, bis 4 m breit), *V. plicatum* (Ostasiatischer Gartenschneeball; weiße Blütenteller mit großen Randblüten im Juni, bis 3 m hoch, bis 1,5 m breit).

Spiraea
Spierstrauch

Spiersträucher sind trotz ihrer Anspruchslosigkeit sehr attraktiv, entweder als Solitärgehölze oder in Gruppen bzw. Blütenhecken. Frühjahrsblühende Arten werden jährlich nach der Blüte, herbstblühende Arten im zeitigen Frühjahr zurückgeschnitten. Alle Arten und Sorten werden kaum höher als 2 bis 3 m und haben meist leicht überhängende, weiße bis rosarote Blüten.

Frühjahrsblühende Arten:
Spiraea-Hybride 'Arguta': im Mai zahlreiche kleine weiße Blüten, bis 2 m hoch und breit; *S.* x *cinerea*: weiß blühend, bis 1,5 m hoch; *S. thunbergii*: nicht für raue Lagen geeignet; im Frühjahr weiße, in Schirmrispen stehende Blüten, bis 1,5 m hoch, bis 2 m breit; *S. veitchii*: im Frühsommer überhängende Triebe voller weißer Blütendolden, bis 4 m hoch, bis 3 m breit.

Im Sommer und Herbst blühende Arten:
Spiraea japonica, S. x *bumalda*: im Hoch- und Spätsommer weiße oder rosa Blüten, je nach Sorte zwischen 0,5 und 1 m hoch. *S. nipponica*: im Sommer weiße Blüten in Schirmrispen, bis 2 m hoch und breit.

Spierstrauch

Weigela
Weigelie

Die im Mai/Juni üppig in Rosa, Weiß oder Karminrot blühenden Weigelien brauchen einen freien, sonnigen bis halbschattigen Standort und frischen, kalkfreien Boden. Jedes Jahr nach der Blüte werden abgeblühte Sprosse auf kräftige Triebe zurückgeschnitten, um die Blühfreude im nächsten Jahr anzuregen. Die voll frostharten Sträucher werden etwa 2 m hoch und breit. Zahlreiche schöne Zuchthybriden sind im Handel, darunter 'Abel Carrière' (karminrosa), 'Bristol Ruby', 'Eva Radtke' (scharlachrot), 'Candida' (reinweiß), 'Fleur de Mai' (rosa) und 'Styriaca' (rosa, besonders reich blühend).

Weigelie

Zaubernuss

Hamamelis
Zaubernuss

Ganz früh im Jahr, oft noch im Winter, entfaltet die Zaubernuss ihre zarten Blüten. Sie bevorzugt neutrale bis leicht saure Böden und einen Standort in voller Sonne oder Halbschatten. Alle Arten und Sorten sind schwachwüchsig, werden kaum höher als 4 m und ebenso breit, sind daher gut auch für kleinere Reihenhausgärten geeignet. Sie wirkt als Solitärpflanze am besten. Ein Rückschnitt kann, aber muss nicht nach der Blüte im Frühjahr erfolgen.

Zahlreiche Zuchtsorten sind im Handel:
Hamamelis x *intermedia* 'Allgold' (kleine, dunkelgelbe Blüten); 'Sunburst' (große, blaßgelbe Blüten); 'Vezna', 'Feuerzauber' (große, dunkelorange Blüten); *H. mollis* 'Goldcrest' (große, gelbe, rot überlaufene Blüten); 'Pallida' (syn. *H.* x *intermedia* 'Pallida') (große, schwefelgelbe Blüten).

Prunus
Zierkirsche, Ziermandel, Zierpflaume

Die Gattung *Prunus* bringt reich blühende, sehr beliebte Sträucher oder kleine Bäume hervor, die als Solitäre gern vollsonnig stehen und gut kalkverträglich, aber in

Zierkirsche

rauen Lagen nicht ganz winterhart sind. Ein Rückschnitt nach der Blüte im Frühjahr ist möglich, aber selten nötig. Es gibt starkwüchsige, baumartige Sorten und solche, die als Strauch oder Halbstamm gezogen werden:

Niedrigere Sorten:
Prunus x *cistena* (Zwerg-Blutpflaume): dunkelpurpurne Blätter, weiße Blüten, bis 1,5 m; *P. glandulosa* 'Alba Plena': gefüllte, weiße Blüten, bis 1,5 m hoch und breit; *P. tenella* (Zwergmandel): hellrosa Blüten, bis 1,5 m hoch und breit.

Höhere Sorten:
Prunus cerasifera 'Nigra' (Blutpflaume): dunkelpurpurne Blätter, rosa Blüten, bis 5 m hoch und breit; *P. serrulata*-Hybride 'Kanzan': dunkelrosa gefüllte Blüten, straff aufrechter Wuchs, bis 8 m hoch; *P.* x *subhirtella* 'Pendula Rosea': überhängende Zweige mit rosafarbenen Blüten, 5 bis 8 m; *P. triloba* 'Multiplex' (Mandelbäumchen): gefüllte rosa Blüten, bis 4 m hoch und breit.

Zierquitte

IV-V

Chaenomeles

Zierquitte

An einem sonnigen Standort mit gut wasserdurchlässigem Boden blühen Zierquitten im April/Mai, bevor die Blätter erscheinen, besonders schön. Nach der Blüte schneidet man, wenn nötig, zurück. Im Herbst leuchten die gelbgrünen Früchte, die wie echte Gartenquitten verarbeitet werden können, an den kahlen Zweigen. Zierquitten eignen sich für Blütenhecken, als Spalier an einer Mauer oder auch als Solitärgehölze. Zahlreiche verschiedene Zuchthybriden mit weißen, rosa-, orange- oder purpurfarbenen Blüten sind im Handel:

Niedrige, breitwüchsige Sorten
(0,5 bis 1 m hoch):
Chaenomeles x *superba* 'Crimson and Gold' (dunkelrote Blüten); 'Rowallane' (scharlachrote Blüten); *C. japonica* (orangerote Blüten).

Höherwüchsige Sorten
(1 bis 2 m hoch):
Chaenomeles x *superba* 'Andenken an K. Ramcke' (zinnoberrote Blüten); 'Firedance' (blutrote Blüten); *C. speciosa* 'Moerloosei' (weiße, rosa überhauchte Blüten; besonders gut für Hecken geeignet); 'Nivalis' (weiße Blüten); 'Phyllis Moore' (halbgefüllte, hellrosa Blüten).

Adressen und Bezugsquellen

Bund deutscher Staudengärtner (BdS) im Zentralverband Gartenbau (ZVG)
Gießenerstr. 47
35305 Grünberg

Über den BdS erhalten Sie eine Liste mit Adressen von zahlreichen Staudengärtnereien und ihren Sortimentsschwerpunkten

Bund deutscher Baumschulen (BdB) e.V.
Bismarckstr. 49
25421 Pinneberg

Seltene und alte Gemüsesorten (Sämereien):
Ferme de St. Marthe
Ulla Grall
Bäreneck 4/Efeuhaus
55288 Armsheim

Privates Samenarchiv
Gerhard Bohl
Oberfichtenmühle 2
91126 Rednitzhembach

Gesellschaften für seltene bzw. alte Obst- und Gemüsesorten:
Deutschland:
Pomologen-Verein
Lydia Bünger
Brunnenstrasse 29
32805 Horn-Bad Meinberg

Verein zur Erhaltung der Nutzpflanzenvielfalt
Ludwig Watschong
Ahornweg 6
34399 Arenborn

Für Österreich:
Arche Noah
Obere Strasse 40
A-3553 Schloss Schiltern

Für die Schweiz:
Fructus
Vereinigung zur Förderung alter Obstsorten
Glärnischstr. 31
CH-8820 Wädenswil

Pro Specie Rara
Engelgasse 12a
CH-9000 St. Gallen

Empfehlenswerte Staudengärtnereien:
Staudengärtnerei Arends
Monschaustrasse 76
42369 Woppertal-Ronsdorf
Tel.: 0202-464610
Fax: 0202-464957

Foerster Stauden
Am Raubfang 6
14469 Potsdam-Bornim
(Großes Staudensortiment, auch viele Wildstauden; kein Versand)

Gärtnerei Hügin
Zähringerstraße 281
79108 Freiburg
Tel.: 0761-553725
Fax: 0761-5009958
(Internationale, ausgefallene Stauden; kein Versand)

Staudengärtnerei Gräfin von Zeppelin
79295 Sulzburg-Laufen
Tel.: 07634-69716
Fax: 07634-6599
http://www.graefin-v-zeppelin.com
(Versand von Stauden, Spezialität: *Iris-, Hemerocallis-, Paeonia-* und *Papaver orientale-*Sorten)

Albrecht Hoch
Potsdamer Str. 40
14163 Berlin
Tel.: 030-8026251
Fax: 030-8026222
(Importeur verschiedener Iris-Sorten)

Wolff's Pflanzen für den ländlichen Garten
Hauptstr. 9
75541 Vellberg-Großaltdorf
Tel.: 07907-8979
Fax: 07907-2386
(Alte Iris-Sorten)

Wildstauden
Staudenkulturen Tangermann
31171 Nordstemmen
(Etwa 900 Wildstaudenarten, Gräser und Farne im Angebot)

Gärtnerei für Wildstauden und Wildgehölze
Lochgasse 1
55232 Alzey
(Über 600 Wildstauden, Gräser und Farne; Blumenzwiebeln)

Für Österreich:
Institut für Ökopädagogik
Postfach 47
8016 Graz
(Wildstauden und Samen)

Für die Schweiz:
Winkler und Richard AG
Frauenfelderweg 27
9545 Wängi
(400 Wildstauden; auch Saatgut und Blumenzwiebeln)

Bodenuntersuchung
Verband Deutscher Landwirtschaftlicher Untersuchungs- und Forschungsanstalten e.V. (VDLUFA)
Bismarckstr. 41 a
64293 Darmstadt

Für die Schweiz:
Eidgenössische Forschungsanstalt für Obst-, Wein- und Gartenbau
Schloss, CH-8820 Wädenswil

Für Österreich:
Bundesanstalt für Bodenwirtschaft

Denisgasse 31 bis 33
A-1200 Wien

Ganzheitliche, standortgemäße
und dynamische Bodenbeur-
teilung
Labor Dr. Fritz M. Balzer
Oberer Ellenberg 5
35083 Wetter-Amönau

Nützlinge
Firma W. Neudorff
GmbH KG
Postfach 1209
31857 Emmerthal
Tel.: 01805-638367
(Bestellkarten für Nützlinge im
Gartenfachhandel)

PK Nützlingszuchten
Industrie 38
73642 Welzheim

Firma Sautter und Stepper
Rosenstrasse 19
72119 Ammerbuch
Tel.: 07032-957830

STB Control
Schaltenbach 1
65326 Aarbergen
Tel.: 06120-6973

**Material für Weiden-
geflechtzäune**
re-natur
Charles-Roß-Weg 24
24601 Ruhwinkel
Tel.: 04323-9010-0
Fax: 04323-901033

Freitag Weiden Art
Gartenstraße 21
85354 Freising
Tel.: 08161-91576
Fax: 08161-7495

Dachbegrünungen
ZinCo Flachdach-Zubehör
Grabenstraße 33
72669 Unterensingen

Tel.: 07022-60030
Fax: 07022-6003300

aktual Bauteile und Umwelt-
schutz-Systeme (optima)
Lindenweg 90
25436 Tornesch
Tel.: 04122-95750
Fax: 04122-957515

Pflanzen und Gartenzubehör
Gärtner Pötschke
41561 Kaarst
http://www.gaertner-
poetschke.de
e-mail: poetschke@cww.de

Gartenambiente
Country Garden
Nagolder Straße 23
72119 Ammerbuch
Tel.: 07073-2372
Fax: 07073-7226

Literatur

Zeitschriften
Flora
Verlag Gruner + Jahr AG,
Am Baumwall 11
20459 Hamburg

Kraut & Rüben
BLV Verlagsgesellschaft mbH
Lothstr. 29
80797 München
Tel.: 089-12705-0
http://www.blv.de/k&r
e-mail: Redkraut-u-rueben@t-
online.de

Mein Schöner Garten
Senator Verlag GmbH,
Postfach 1520
77605 Offenburg
http://www.mein-schoener-
garten.de
e-mail: garten@senatorverlag.
burda.com

GARTENpraxis
Ulmers Pflanzenmagazin
Verlag Eugen Ulmer
Wollgrasweg 41
70599 Stuttgart

Der Gartenfreund im Internet:
http://www.gartenforum.de
(Forum, Ratgeber, Aktuelles,
Wochenarbeiten, Termine,
Mondkalender, Reisen, Pflanzen-
schutz, Pressemeldungen)
E-Mail: Gerd.Spiegel@t-online.de

Bücher
Frank von Berger: Kletterpflanzen.
   Naturbuch Verlag, Augsburg
   1999.
Frank von Berger: Schöne Gärten
   mit Stauden. Augustus,
   München 2000.
Frank von Berger: Einladende
   Vorgärten und Hauseingänge.
   Naturbuch Verlag, Augsburg
   1999.
Wolfram Franke, Ein Erdgewächs-
   haus und noch mehr... in: Kraut
   und Rüben, Februar 2000,
   S. 28–31, BLV, München 2000.
Reinhold Kaub: Gartenrecht für
   jedermann. BLV, München 1999.
Jutta Korz: Gärten umgestalten.
   BLV, München 1999.
Marie-Luise Kreuter: Der Bio-
   garten. 20., überarbeitete Aufla-
   ge, BLV, München 2000.
Peter Robinson: Traumhafte
   Wassergärten. Naturbuch
   Verlag, Augsburg 1997.
Michael Stern: Der gepflegte
   Rasen. Naturbuch Verlag,
   Augsburg 1998.
Jochen Veser: Pflanzenkrank-
   heiten erkennen und behan-
   deln. Ulmer, Stuttgart 1999.
Paul Gerhard Wilhelm u. Edgar
   Wilhelm: Zwölf Monate im
   Garten. Augustus Verlag,
   Augsburg 1999.

Register